在精灵岛上，作文三人组变成三只精灵，使出浑身解数救出了青芽和紫月。就在大功告成之际，精灵王和四大护法却突然出现……

著 者

毛小懋，儿童文学作家，儿童期刊执行主编。已出版《嘻哈别字岛》《时光男孩米小扬》《标点符号总动员》《最三国作文》等作品数十部，曾获桂冠童书奖。

绘 者

三羊，本名彭洋，英国爱丁堡艺术学院动画硕士。出版儿童绘本《兵马俑的秘密》《我走进了名画里》，版权输出到英国、新加坡、菲律宾；为《自控力童话》《辫子姐姐成长123》《小诗词》等系列童书创作插图；出版绘本日记《宝贝，当你在妈妈肚子里》。

Composition Fairies 作文精灵

勇闯精灵岛〈下〉

- 著 毛小懋
- 绘 三 羊

云南出版集团 YNK 云南科技出版社

· 昆明 ·

主要出场角色

左小文

　　七星镇小学有名的调皮鬼，聪明机灵，但学习成绩一般，态度也不够积极。在写作方面，更是让老师头疼。后来，在青芽精灵的帮助下，他逐渐开窍，最终爱上写作文。

戴星儿

　　左小文的同桌，时而文静内敛，时而活泼开朗。她的写作水平在班里属于中等，作文中常有奇思妙想。认识紫月精灵后，她的写作水平飞快提升。

冯歌德

　　左小文的死党，知识渊博，是班里写作水平较高的几名同学之一。他的宠物黑豆精灵，不但没给他帮上什么忙，反而惹了不少麻烦。

青芽精灵

　　左小文的宠物，骑鲸而来，古灵精怪，有时胆大包天，有时胆小如鼠。因为偷窥过精灵岛上的秘籍，它掌握了大量作文技法。它的缺点是好为人师，而且讲话唠叨。

紫月精灵

戴星儿的宠物，从天而降，冰雪聪明，关键时刻总能奋不顾身。它和青芽精灵带着无数写作绝招，逃出精灵岛，来到七星镇。它讲起作文技巧，同样唠唠叨叨。

黑豆精灵

青芽精灵的伙伴，忠诚而憨厚，但经常惹是生非。它一直守候在精灵岛上，并在青芽和紫月陷入绝境时挺身而出。

精灵王

精灵岛的统治者，冷酷暴虐，令人望而生畏。因为青芽和紫月公然叛逃，它率领四大护法出海追捕。

精灵隐士

精灵王的同门师兄，被精灵王夺走王位后，隐居在无影城中。它一直关注着精灵岛上的一举一动，只要听到精灵们的召唤，它就会在月光中现身相救。

笨笨老师

七星镇小学的语文老师，精通作文技巧，讲课风趣，深受学生们的喜爱。他自称"笨笨老师"，其实大智若愚。据说，他与精灵王有千丝万缕的联系……

目录

第二十六章

精灵岛上的巨人

怎样写读后感

在精灵古堡中，戴星儿望着窗外的月光，灵机一动，小声问："左小文，鹅毛笔呢？"

左小文随手从怀里摸出鹅毛笔，直到此时他才发现，原来鹅毛笔是可大可小的。他们现在变成小精灵，鹅毛笔也随之变小了。

戴星儿赶紧接过鹅毛笔，轻声问道："笔先生，您能不能帮我们想个办法，把紫月和青芽救出来？"

话音刚落，鹅毛笔就自动回复起来："古堡中高手云集，你们是很难下手的。下一步，精灵王会让行刑队对紫月和青芽用刑。依我看，你们不如去刑场埋伏起来，找机会下手。"

"哈哈，莫非咱们要劫法场？"左小文读完，十分激动。

"刑场在什么地方？"戴星儿接着问道。

"就在精灵古堡的上空。如果说精灵古堡是全岛的禁地，那么刑场就是禁地中的禁地，你们千万要小心。"鹅毛笔写完，便落回戴星儿的手中。

审判大会结束了，精灵王飘然而去。三个人随着队伍走出古堡，趁精灵们不注意，张开透明的翅膀，顺着参天古树的树身，小心翼翼地往上飞去。

他们穿过一层又一层细密的树叶，飞到树腰的时候，看见树干上伸出两根粗壮的树杈，托起一块像战鼓一样平整的圆木。如果从高空望下去，参天古树肯定如同一位傲慢的巨人，他伸出两条手臂站

在精灵岛上，手中仿佛端着一块巨大的砧板。

"咱们飞上去藏起来。"戴星儿低声说。

左小文点点头，用力扇扇翅膀，带头往上飞。

没想到，他一飞到圆木的边缘，突然抱着脑袋惨叫一声："哎呀！谁撞我？"他的脑袋竟然被撞出一个大包。

"啊？"冯歌德一惊，"莫非有埋伏？"

"应该不是埋伏，看上去像是一堵无形的高墙。"戴星儿说着，伸手一指，"你们快看，高墙显现出来了。"

果然，左小文一撞之下，圆木的边缘就慢慢浮现起一道闪着银光的围墙，墙上刻满密密麻麻的文字。

左小文摸着被撞肿的脑门，仰头读道："我和星期五成了好朋友，我说的话他几乎都能听懂。他的英语尽管说得不太地道，但已经能够流利地跟我交谈了。于是，我把自己的身世告诉了他，尤其是我怎么流落到荒岛上来的……"

冯歌德瞪大眼睛，围着墙飞翔一圈，惊奇地说："墙上刻的居然是《鲁滨孙漂流记》！"

"什么情况？"戴星儿眉头一皱。

"如果我猜得没错，它应该是想让我们读完整本书，然后写一篇读后感。"左小文指指墙角，"喏，那里有一块黑板，旁边还放着一支粉笔。"

"我最擅长写读后感了！而且我读过三遍《鲁滨孙漂流记》，对全书的内容一清二楚，完全可以直接写！"冯歌德说完，飞到那块黑板前，抓起粉笔就写。

"其实我也会写读后感。"左小文说，"上个月我读完《西游记》，就写过一篇读后感，还得到过笨笨老师的高度评价……"

"就知道吹牛！"戴星儿用讽刺的语气说，"你那篇作文我读过，全文一共十三行，前十二行都是复述孙悟空的英雄事迹，在最后一行你发出感慨：'孙悟空真厉害，《西游记》真好看啊！'简直让人笑掉大牙。"

"别胡说！笨笨老师明明夸我在写作上是一朵奇葩。"

"你觉得他是夸你吗？"

"难道不是吗？"

"别吵了！"冯歌德边写边说，"左小文，你那样写肯定是不行的。复述原书的内容当然有必要，但必须简明扼要，切忌长篇大论。读后感，顾名思义，就是以读后的感想为主。"

"可是如果不能长篇大论地复述原书的内容，我凑不够字数啊！"左小文很无奈。

"你凑不够字数，就说明你还根本不会写读后感。"冯歌德慢条斯理地说，"话说回来，写读后感其实是有窍门的，无非是按照三个步骤，一步一步往下写。第一步，在熟读原书的基础上，简单写一写原书的作者信息、创作年代以及内容梗概。一般来说，简述的篇幅尽量不要超过整篇作文的三分之一。"

"啊？三分之一根本不够我发挥啊！"

"后面还有三分之二的篇幅，你可以把你的聪明才智都发挥到那上面去！"冯歌德继续往下讲，"第二步，我们读完一本书，肯定会有很多感受，在作文里，可以抓住让我们印象最深刻的一点，围绕着它展开论述。比如你读完《西游记》，印象最深刻的是孙悟空的战斗精神，就可以详细地分析一下。"

"我知道孙悟空挺能打，可是你让我分析他为什么能打，那就难办了……"

冯歌德无奈地耸耸肩，接着讲道："第三步，要想让你的读后感具有现实意义，就最好联系一下实际情况。比如，写一写你从孙悟空身上学到了什么，他对你产生了怎样的影响。"

说完，冯歌德把粉笔一丢："我的读后感写完了。"

左小文立刻凑到黑板前，认真地读起来：

永不放弃的鲁滨孙

最近，我读完了英国小说家笛福的代表作《鲁滨孙漂流记》，真切地感受到了那种来自心灵深处的震撼。

《鲁滨孙漂流记》创作于十八世纪初期，是十八世纪上半叶欧洲最受欢迎的小说之一。它主要讲述的是出身于中产阶级家庭的英国商人鲁滨孙，一生志在遨游四海。在一次航海的途中，他遇上风暴，漂流到了一座荒无人烟的岛上。在绝境之中，他凭着坚韧的意志，历尽艰难困苦，最终顽强地生存下来。

可以说，全书最震撼我的，就是鲁滨孙坚韧不拔、自强不息的人生态度。

不管面对什么困难，鲁滨孙都一直保持乐观的心态。哪怕是遇到地震和塌方，他都没有沮丧，更没有放弃，始终以积极的态度去解决问题。每一次，他都能凭借坚强的意志、无穷的智慧和自己掌握的生存知识，克服困难，取得胜利。

鲁滨孙的故事让我不禁想起一句话：在毅力和智慧面前，一切困难都是纸老虎。

在阅读的过程中，我还常常想：假如流落到荒岛上的人是我，我会是什么样呢？

说真的，我很可能不会像鲁滨孙那样

始终充满毅力，说不定会坐在沙滩上绝望地哭泣。主动放弃的结果，当然就是失去一切获救的希望，最后迎来灭顶之灾。

所以，我希望每一个缺少勇气和毅力的人，都能认真读一读《鲁滨孙漂流记》。

我相信，只要我们像鲁滨孙一样，拥有不畏艰险、永不放弃的精神，就一定能够克服一切艰难险阻，走出一条辉煌的人生之路。

左小文一读完，就听"哗"的一声，黑板滑到一旁，后面出现一扇木门。他轻轻一推，木门就打开了。

"哈哈，看来咱们闯关成功了。"冯歌德高兴万分。

三个人飞进木门，站在那块巨大的圆木上。只见圆木的边缘摆满木架子，上面插着许多奇形怪状的兵器。在圆木的中央，有一个方形的木头台子，周围竖着四根高高的柱子。

"那不会就是断头台吧？"戴星儿紧张地说。

"当然不是。精灵王说的是解除青芽和紫月的法力，又不是砍它们的头……"

左小文刚说完，忽然听见木门外传来一阵扇动翅膀的声音。三个人反应迅速，立即飞到木台子的后面，躲藏起来。

很快，四名身穿铠甲的精灵押着青芽和紫月飞进来，把它们绑到木头台子上。紧接着，身披黑色斗篷的精灵王飞上台子，冷酷地站在那里，就像一位可怕的死神。

魔法练习册

读后感，就是读完一本书、一篇文章或一段话后，将感受和启示写下来形成的文章。

在你读过的书里，你最喜欢哪一本呢？想一想，然后按照冯歌德的"三步法"，试着写一篇读后感吧。

第二十七章

古树中的天牢

怎样缩写、扩写

"怎么办？"冯歌德怯怯地看着站在行刑台上的精灵王，不安地说，"没想到精灵王也会来刑场，如果硬拼的话，咱们肯定不是它的对手……"

"我觉得咱们可以玩一出调虎离山。"左小文低声道，"我从旁边飞过去，引开精灵王，然后你们飞身上前，干掉那四个行刑的精灵，把青芽和紫月救走。"

"就怕你引不开精灵王，我们也干不掉那四个精灵，到头来我们一起被它们干掉了。"冯歌德一脸的忧心忡忡。

"你瞧瞧你，前怕狼后怕虎，那还怎么救人？"戴星儿皱皱眉头，"要我说，救人就靠八个字：当机立断，全力以赴。"

她刚说完，就听见精灵王冷冷地宣布道："行刑！"

"不能再等了，咱们必须赶紧行动。"戴星儿挥挥手。

只听"嗖"的一声，一道黑影像出膛的子弹一样射了出去。

"左小文蹿得还挺快的——咦，不对呀！"冯歌德说着转过头，惊讶地发现左小文仍然蹲在木台子旁，"蹿出去的那个不是你吗？"

"当然不是我。"左小文撇撇嘴。

"不是你是谁啊？"冯歌德又转头看看戴星儿，"我晕，真是活见鬼了。"

左小文朝行刑台一指，那个黑影已经飞到精灵王的面前。它也是一个精灵，只不过浑身灰突突的，脑门上长着一颗黑乎乎的豆子。

"就在你俩聊天的当口，那个灰不溜秋的家伙偷偷从门口飞了进来。我吓了一跳，刚想仔细看看，没想到它一下子就蹿出去了。"左小文说。

只见那个精灵站在行刑台上，指手画脚地说着什么，似乎在向精灵王求情。精灵王抬抬手臂，两名穿着铠甲的精灵立即冲过去，要把它押走。它拼命挣扎，突然大喊一声："青芽，我来救你！"一边喊，一边向被绑在木台上的青芽精灵扑去。

"螳臂当车，不自量力！"精灵王冷笑着挥起手中的短杖，一道黑光立刻射向那个精灵。就在击

中精灵的同时，黑光化成一团张牙舞爪的黑色汁液，把它笼罩起来，瞬间结成寒冰。一眨眼的工夫，它就变成一座被封印在黑冰里的雕塑。

"天哪！"躲在旁边偷看的三个人差点叫出声来。

"幸亏我刚才没冲上去，要不然肯定也会变成一坨黑冰……"左小文心有余悸地咕哝。

精灵王收起短杖，挥挥手说："赶紧行刑！然后把它们三个一起打入天牢！"

于是，行刑队中的两名队员拿出自己的短杖，指着青芽精灵和紫月精灵的脑门，开始念咒语。顷刻间，两个精灵的身上就燃起了蓝色的火苗，痛苦的尖叫声随之传来。戴星儿不敢再看下去，慌忙闭上眼睛。

当她再次睁开眼睛的时候，火苗已经熄灭了。青芽和紫月瘫在木台上，虽然毫发无损，但一看就知道，它们的法力已经被彻底解除了。

圆木的另一端紧靠着参天古树，行刑队员伸手在树身上一敲，一扇铁门很快浮现出来。它们推开门，把三个精灵依次抬了进去。随着"哐"的一声，铁门在关闭的一瞬间，突然从树身上消失了。与此同时，精灵王一挥斗篷，像只黑色的大鸟一样朝树下飞去。

"那扇铁门后面应该就是天牢。"戴星儿低声道。

"依我看，咱们劫不成法场，干脆就劫狱吧。"左小文说完，确定精灵王不会再来了，便飞到那扇消失的铁门前，轻轻一敲树身。

果然，那扇铁门又出现了，他伸手一推，却纹丝不动。冯歌德和戴星儿也飞过来，围着铁门左看右看。

"你们快瞧，铁门上也有密密麻麻的文字。"戴星儿说。

冯歌德凑近一读："'却说美猴王荣归故里，自剿了混世魔王，夺了一口大刀，逐日操演武艺……'嘿，是《西游记》的原文。"他飞快地扫完一遍，发现文字很快就变了。再看再变，再变再看，眨眼间，铁门上的文字已经变换四次。读到最后，他总结道："一共五回，讲的是孙悟空从学艺归来到大闹天宫的整个经过。"

他刚说完，就见门旁出现一块黑板，上面冒出一行粉笔字："请将原文缩写成一篇不超过五百字的短文，限时三十分钟。"

"原文有多少字？"戴星儿歪着头问。

"五回加起来，估计有三万字吧。"

"我的天！"左小文惊呼，"把三万字压缩成五百字，神仙都办不到吧？"

"哈哈，我不是神仙，但我能办到。"冯歌德咧嘴一笑，"我熟读《西游记》，缩写对我来说就像探囊取物一样容易。"

"我可不觉得容易……"

"其实缩写只要掌握三点就行了。第一，不要改变原文的体裁和中心思想。第二，按照原文的故事结构和叙事顺序去缩写。第三，压缩以后的文字再少，也必须是一篇完整的文章。至于缩写的具体方法，无非就是六个字：摘录、概括、删除。重要的语句直接摘录，不太重要的内容就用精炼的语言去概括，完全不重要的内容可以直接删除。"

左小文叹道："说起来容易缩起来难啊！"

冯歌德拿起粉笔，笑嘻嘻地说："我现在开始缩写，你们就瞧好吧！"

转眼间，一篇浓缩的短文就在黑板上出现了：

缩写《大闹天宫》

话说悟空从菩提祖师那里学了长生之

道、七十二般变化及筋斗云，返回花果山。后来，他先是去东海借兵器，得到如意金箍棒，接着大闹地府，销毁生死簿。龙王和地藏王向玉帝请求降伏妖猴，玉帝便派太白金星赴花果山招安悟空。

在天庭，悟空被授以弼马温之职，不久他嫌官职太小，便回到花果山，自称齐天大圣。玉帝大怒，命令托塔李天王率领天兵天将前往降妖，结果惨败而归。

太白金星再次下界，把悟空请上天庭，玉帝只能封他为齐天大圣，负责管理蟠桃园。

管理蟠桃园期间，悟空吃尽园中的大桃，又赴瑶池，喝光仙酒，还把太上老君葫芦里的金丹吃光了，只好逃回花果山。

玉帝再次派天兵天将前去捉拿悟空，仍然无法取胜，观音菩萨于是举荐二郎神。二郎神与悟空大战，难分胜负，在天上观战的太上老君偷偷丢下金钢琢，击中悟空，二郎神便趁机将他拿下。

悟空被将士们擒回天庭，玉帝下令处死。可是无论刀砍斧剁还是火烧雷击，悟空都毫发无伤。太上老君将悟空扔进丹炉内，炼上七七四十九日，悟空出来以后，照样大闹天宫。

无奈之下，玉帝只得派人去西天请如来佛祖。悟空使出浑身解数，都跳不出佛掌，后来，佛祖将五指化为大山，压住悟空。从此，他再也无法逃脱了。

冯歌德刚放下粉笔，就听"哐"的一声，铁门打开了。

三个人非常高兴，小心翼翼地走进去。门内有几根矮矮的木桩，他们一站上去，木桩便像通电的电梯一样，猛地向上空蹿去。

"我的妈呀！"左小文站立不稳，急忙伸手扶墙。他的手指刚碰到古树的内壁，木桩就突然停止蹿升，

一扇铁门紧接着浮现出来，上面有两行文字，旁边同样摆着一块黑板。

"看来咱们到第二关了。"戴星儿站在门前读道，"寿陵余子之学行于邯郸，未得国能，又失其故行矣，直匍匐而归耳。"

"什么意思?"左小文忙问。

"那是庄子写的一个故事，名叫邯郸学步。说的是有个寿陵少年去邯郸学习走路，结果他不但没学到邯郸人的步态，反而把自己原来走路的姿势忘了，最后只好爬回家了。"

很快，黑板上冒出来一行字："请扩写成一篇不少于五百字的文章，限时三十分钟。"

左小文喜道："邯郸学步难不倒我，因为笨笨老师曾经罚我把《邯郸学步》那篇课文抄了五遍。至于扩写，也不太难。笨笨老师讲过，扩写首先必须精读原文，把握主要内容和中心思想，其次要围绕中心思想进行扩展，第三就是发挥想象，当然，想象必须合情合理。"

左小文一边说，一边拿着粉笔，在黑板上写起来:

扩写《邯郸学步》

战国时期，燕国有一位年轻人，虽然长得一表人才，但走起路来特别难看，活像一只扭来扭去的鸭子。

他感到很自卑，就去问自己的朋友："怎样才能走路帅气一些？"朋友说："我听人讲，赵国的邯郸人走路非常潇洒，就像大明星走秀一样，你何不去跟他们学学？"

年轻人眼前一亮，第二天就带足盘缠，坐上马车出发了。

半个月之后，他赶到邯郸城，立刻被满大街的俊男美女惊呆了。当然，满街男女的美貌还在其次，关键是他们的步态实在太迷人了。瞧，他们走起路来，男子大步流星，女子分花拂柳，可以说步步生莲，煞是好看。

年轻人在人群中间找到一位走路最潇洒的男子，跟在他的身后模仿起来。男子迈左脚，他也迈左脚，男子迈右脚，他也迈右脚，男子蹲下来系鞋带，他也蹲下来系鞋带，男子伸手掏钱包，他也伸手掏钱包……

　　男子回过头来："你为什么掏我的包？"

　　年轻人一愣："我……我没有，我是在学你走路。"

　　"你学走路就学走路，掏我包干什么？好呀，原来你偷东西！来人哪，抓小偷！"

　　结果，年轻人被路人们抓起来，一顿臭揍。

　　他毫不气馁，又跟在一位美丽的姑娘后面学走路，没想到她丈夫跑过来，把他抽得鼻青脸肿。他还不死心，接着跟一位老大爷学走路，却不小心把对方撞倒了。

老大爷当场骨折，年轻人把所有钱都赔上了……

　　不知不觉，半年过去了，年轻人不仅没学会邯郸人走路的方法，还把自己从前最擅长的鸭子走路法忘光了。更糟糕的是，他连坐马车回家的钱都没了，只能像乌龟一样爬回去了。

魔法练习册

　　缩写和扩写都是比较常见的写作形式。试着用通俗易懂的语言，把下面的成语故事扩写一下，将它变成一篇读了能让人禁不住流口水的精彩故事吧。

望梅止渴

　　原文：魏武行役，失汲道，军皆渴，乃令曰："前有大梅林，饶子，甘酸，可以解渴。"士卒闻之，口皆出水，乘此得及前源。

（《世说新语·假谲》）

　　释义：魏武帝曹操领兵远征，途中找不到水源，士兵们都很口渴，他就传令道："前边有大片梅子林，结了很多酸甜的梅子，可以解渴。"士兵们听了，嘴里的口水都流了出来，于是大家加速行军，终于在前方找到了水源。

第二十八章

月光神剑

怎样写童话

随着一声轻响，古树内壁上的铁门打开了，一条长长的甬道出现在左小文面前。

三个人蹑手蹑脚地钻进甬道，一直走到尽头，发现那里有一间小小的牢房。透过木栅栏可以看见，青芽精灵和紫月精灵就坐在里面，它们身旁躺着那个灰不溜秋的精灵，它身上的黑冰已经融化了。

奇怪的是，牢房的木门竟然是开着的。

"居然无人把守，而且门户洞开，难道是精灵王的空城计？"冯歌德皱着眉头说。

"应该不是吧。"戴星儿扶扶眼镜，环顾四周，"看守的狱卒可能只是溜回家吃饭了。"

"咱们本想玩劫狱，劫到头却发现牢房连门都没关，你们就不觉得奇怪吗？"

"我不觉得奇怪，只觉得很搞笑。"左小文不耐烦地说，"歌德，星儿说得没错，你整天前怕狼后怕虎，是救不出人的。来，跟我走。"他说完，迈步跨进牢房。

牢房中，青芽和紫月仍然是一副懵懵懂懂的样子。左小文蹲在青芽面前，他现在是一只猪头精灵，青芽当然认不出他来了。

左小文鼻子一酸，刚想抱着它痛哭一场，却听见冯歌德催促起来："别婆婆妈妈的了，赶紧撤！万一精灵王杀回来，咱们就插翅难飞了！"

"说得对，咱们应该尽快离开精灵岛。"戴星儿虽然也很伤感，但她比左小文坚强得多。她握着紫月的手，想把它拉起来，没想到紫月就像被捏坏的泥人一样，腰杆还没挺直，就又瘫倒在地。

"我现在知道为什么没有狱卒把守了。"左小文说，"因为受过刑的精灵连站起来的力气都没有，更别提逃跑了。而且，对别的精灵来说，外面那两道铁门上的考题难如登天，它们肯定答不出来，自然也攻不进来。"

说完，左小文把青芽背在背上，戴星儿也背起紫月，准备飞出牢房。

"把……把黑豆也救走，好……好不好？"青芽忽然开口了。

"黑豆是谁？"左小文低下头来，打量着那个脑门上长着一颗黑色豆子的精灵，"莫非就是这个被冻僵的黑家伙？"

"是的，它……它是我的好朋友，请你们救救它……"

"没问题。歌德，你背上它，从今以后，它就是你的精灵了。"左小文咧嘴一笑。

冯歌德点点头，俯下身子，刚背起黑豆精灵，就突然惨叫一声："哎呀，冰死我了！"

"忍着！把它背出去就万事大吉了。"

他们把三个精灵背出牢房，穿过甬道，钻出铁门，再乘坐古树电梯溜下去，冲出树身上的第一道铁门，终于来到外面的圆木刑场上。

此时已经是凌晨，刑场上黑漆漆的，一片死寂。

冯歌德急忙放下黑豆精灵，哆哆嗦嗦地说：
"我……我的天，我也快被冻成冰块了……"

　　"唉，总算出来了。"左小文说，"可是，咱们
怎么逃出精灵岛呢？"

　　"很简单，怎么进来的就怎么出去。"戴星儿取
出鹅毛笔，"咱们只要用鹅毛笔蘸着月光写篇作文，
肯定就能逃出去了。"

　　"可惜月光被那根大树杈挡住了。"左小文仰起
头来，望着古树的树冠说。

　　"没事，咱们尽快跑出古树林，到沙滩上就行
了……"

　　戴星儿还没说完，忽然感觉一阵阴冷的风吹过，

四个身穿铠甲的精灵像幽灵一样飞来，在他们的四周围成一圈。他们大惊失色，紧接着就看见一个披着黑色斗篷的身影缓缓飘近——那正是精灵王。

"我等你们很久了。"精灵王的声音依旧阴森。

"完了。"左小文心中一寒。

精灵王冷酷地站在那里，低声道："蓝镜，看看他们到底是谁。"

一个脑门上长着镜子的蓝色精灵点点头，伸手在镜子上轻轻一弹。眨眼间，小小的镜子就变大了，三个清晰的人影出现在里面，正是学生模样的左小文、戴星儿和冯歌德。

"果然是你们三个！"精灵王咬牙切齿地说，"来人，把他们拿下！"

一个头顶上长着火焰的红色精灵冲过来。不用说，它就是四大护法中的赤焰精灵。只见它从头顶的火焰上抓下几团火苗，抛向左小文。

左小文吓得赶紧抱住自己的头。没想到，他的手刚碰到头顶的小猪头，一只透明的大猪头突然蹦出来，挡在他面前。

赤焰精灵的火苗碰到大猪头，就无声地掉落下来，变成了灰烬。

另一个精灵也开始发动攻击，它的脑门上长着一颗黄澄澄的梅子，显然就是黄梅精灵。它一弹那颗梅子，无数的梅核便像机关枪打出的一串子弹，疯狂地射向戴星儿。

戴星儿不慌不忙，伸手一碰自己头上的栀子花，霎时，成千上万的花瓣飞出来，每一片花瓣都像包饺子一样，把一颗梅核包住，然后慢悠悠地飘下来。

最后一个出击的是绿冰精灵，它的头上长着一块绿色的寒冰。

绿冰精灵朝冯歌德射出一连串冰箭，冯歌德急忙拍打自己头上的小书架。很快，数不清的书冲出书架，在空中打开，每一本都夹住一支冰箭，重重地掉到地上。

左小文和冯歌德大喜过望，戴星儿却深感忧虑。她一边防御，一边低声说："虽然咱们挡得住四大护法的攻击，但精灵王还没出手呢。一旦它出手，

咱们必败无疑。"

"那怎么办？"左小文焦急地问。

"只有一个办法，"戴星儿指指天空，"就是把月光引下来，然后用鹅毛笔写一篇作文，借助幻想的力量逃出去……"

"好，我去引月光！"左小文说完，朝自己的小猪头猛击一下，唤出一只新的大猪头，像防护罩一样挡住敌人的攻势，自己则猛地冲上天空。

飞到那根遮住月光的树杈旁，他挠着头自言自语："要是能变出一把斧头就好了。"

话音刚落，左小文就发现自己真的变成了一把开山巨斧，拼尽全力砍向大树杈。没多久，只听"轰"的一声巨响，大树杈被砍断了，雪亮的月光像水一样倾泻下来。

戴星儿大喜，连忙抓紧鹅毛笔，在月光中飞快地写起字来。

精灵王显然大吃一惊："鹅毛笔为什么在你们手里？"它知道自己不能再冷眼旁观了，于是伸手一碰头上的那柄短刀。顿时，短刀变为一把黑沉沉的长刀，闪着寒光。

精灵王低吼一声，挥刀击出，左小文唤出的猪头防护罩立刻被刺穿了。冯歌德倒抽一口凉气，赶紧拍一下自己的头顶，几百本书同时飞出来，拼成了一层新的防护罩。

此时，戴星儿运笔如飞，已经把作文的前两段写完了：

月光神剑

为了营救紫月和青芽，我们三人变身为精灵，深入虎穴。在天牢外的刑场上，我们眼看就要成功了，没想到精灵王突然出现，想把我们一网打尽。

精灵王先让四大护法发起攻击，消耗我们的法力。大家激战正酣，精灵王突然抽出头顶上的黑色宝刀，向我们砍来。精灵王的法力高深无比，我们的防线很快就被击破了。

精灵王冷笑一声，随即砍出第二刀，把冯歌德的书本防护罩击破了。

就在此时，左小文从空中跳下来，朝自己的小猪头猛击几下，却没能唤出新的防护罩。看来，他们的法力终究是有限的。

戴星儿仍然在全神贯注地创作着，在鹅毛笔的笔尖下，新的文字源源不断地飞速冒出来：

"三个不知天高地厚的东西，受死吧！"精灵王狞笑一声，准备劈出夺命的一刀。

就在最危急的时刻，我们的耳边响起了一个轻柔而有力的声音："召唤月光神剑吧。"

月光神剑？我们的脑中灵光一闪，三只手不约而同地握住那支鹅毛笔，一起举向月光，齐声高喊："月光神剑，不服来战！"

一刹那，无数道月光聚集在鹅毛笔的笔尖上，一圈炫目的银光闪过，一把光芒四射的宝剑出现了！

精灵王举起黑色长刀，准备劈出去，结束战斗。就在即将劈到三个人的一瞬间，长刀突然被一件东西弹开了。

只见半空中浮现出一把近乎透明的宝剑，在月光下闪着耀眼的光芒。

"哇！月光神剑出现了！"左小文和冯歌德齐声欢呼。

精灵文摘

童话也是想象作文的一种。在读过的童话里，你最喜欢哪一篇呢？古今中外有无数经典童话，下面是一些经典童话的节选，读一读，想一想，童话大师们都运用了哪些写作技巧？

从前，在一个村庄里，住着一个小姑娘。小姑娘长得非常可爱，谁也没有她那样可爱。妈妈可疼她了，外婆对她更是宝贝得要命。好心的外婆给她做了一顶小红帽，这顶帽子把她打扮得特别漂亮，所以村里人都唤她"小红帽"。

有一天，妈妈做了一个松糕，对女儿说："听说你的外婆病了，你去看看她好了没有，顺便把这块松糕和一小罐奶油给她送去吧。"

小红帽马上动身去外婆家了。外婆住在另一个村子里。没想到，小红帽穿过一片树林子的时候，遇见了一只阴险的大灰狼。（［德］格林兄弟《小红帽》，倪维中、王晔译）

第二天早晨，大家问她昨晚睡得怎么样。

"啊，一点也不舒服！"公主说，"我差不多整夜都没合上眼！有一粒东西一直硌着我，弄得我全身发紫，真是太可怕了！"

大家都看出来了，她的确是一位真正的公主。因为压在那二十层床垫子和二十床鸭绒被下面的一粒豌豆，她居然还能感觉得出来。除了真正的公主以外，任何人都不会有这么稚嫩的皮肤的。（［丹麦］安徒生《豌豆公主》，叶君健译）

她就跑回家，站在镜子前大声地叫起来："我还要长大，我要成为一个巨人！"

话音刚落，她果然飞快地长了起来，一直长到头顶天花板。她仍不满足，又来到院子里任其成长。当她长到和屋顶一样高的时候，她低头看了一眼，仍然不是很满意。

"我要长得和烟囱一样高！"她高声说。

当她真的长得和烟囱一样高的时候，她才动身去惩罚那个强盗。（［意大利］罗大里《不

肯长大的小泰莱莎》，刘风华译)

　　她的小房间很暗，挤满了许许多多的影子。他们都待在这里，因为没有别人收留他们。奥菲利娅小姐也不忍心把他们送走。就这样，她这里的影子越来越多。

　　更糟糕的是，这些影子有时会吵架。他们常常争位子。有时候，还会出现影子大战。在这样的夜晚，奥菲利娅小姐常常无法入睡。她只好睁着眼睛，躺在床上，用她那细小的声音劝说他们。但是，没有太大的用处。

　　奥菲利娅小姐不喜欢听别人吵架，但是如果这种争吵是用诗人那种伟大的语言在舞台上说出来，就是另外一回事了。(［德］米切尔·恩德《奥菲利娅的影子剧院》，何珊译)

　　一天晚上，马良躺在床上。屋里忽然闪起一道金光，一个白胡子老头儿出现在他面前。老头儿给他一支笔，说："马良，你现在有一支笔了，记住你自己的话，给穷人画画！"

　　马良真高兴！他立刻拿起笔在墙上画了一只公鸡。奇怪，公鸡活了！它从墙上飞下来，跳到窗口，喔喔地叫起来。原来，白胡子老头儿给他的是一支神笔。

　　马良有了这支神笔，天天给村里的穷人画画。要什么就画什么，画什么就有什么。(洪汛涛《神笔马良》)

　　小毅的小脑袋瓜里，整天琢磨着数学问题。一天晚上，他正在一道又一道地演算数学题，忽然听得屋后"砰砰啪啪"响起枪声。

　　"深更半夜，哪来的枪声？"小毅爬上屋后的小山一看，啊呀！山那边摆开了战场，两军对垒，打得正凶。一方的军旗上写着"有理数"，另一方的军旗上写着"无理数"。

　　"奇怪，有理数和无理数怎么打起仗来了？"(李毓佩《有理数无理数之战》)

第二十九章

召唤精灵
隐士

怎样修改作文

精灵王倒退一步，惊呼道："你们……你们居然能召唤出月光神剑！"

"嘻嘻，想不到吧？"左小文把月光神剑抓在手里，轻轻一挥，空中立刻泛起一圈雪亮的涟漪，"你想不到的事还多着呢！赶紧放我们走，否则小心我一剑荡平精灵岛！"

"大言不惭！"精灵王用力挥动手中的黑色长刀，一团黑雾便激荡而出，"就算你有月光神剑又如何？我的黑洞宝刀也不是吃素的！"

"黑洞宝刀？哈哈，好奇葩的名字！"左小文大笑不止。

"其实说起来，'黑洞'是非常可怕的。"冯歌德凑过来说，"因为黑洞并不是洞，而是爱因斯坦的相对论所预言的一种存在于宇宙空间内的天体。它的密度无限大，体积无限小，并且有极强的引力，连光都无法从它的界面内逃脱……"

"嘿，看来还是有识货的！"精灵王冷笑一声，猛地扑上前去，挥刀便砍。

左小文反应极快，立即举剑迎战。刀剑相击，天地间仿佛响起一道炸雷，震得大家耳中嗡嗡直响。转瞬间，左小文和精灵王已经开始激战，看得所有人眼花缭乱。

冯歌德说："想不到左小文居然能和精灵王打成平手，月光神剑果然厉害！要是柳逐阳也在就好了。"

戴星儿依然十分担忧："就算月光神剑再厉害，左小文也肯定不是精灵王的对手，况且精灵王的四大护法也不是省油的灯，他们只要瞅准时机，肯定还会出手的，所以……"

冯歌德看看戴星儿手中的鹅毛笔："所以你想在空中再写几段文字，借助鹅毛笔的力量来打败精灵王？"

"是的。我想给我的童话加上一个正义最终战胜邪恶的结尾，可不知道怎么写。"

"我帮你写吧！我可以让左小文一剑刺死精灵王，然后带大家远走高飞……"

"那可不行。童话属于想象作文，对想象力的要求是很高的。"戴星儿一本正经飞快地说，"**我认**

为要写好一篇童话，必须注意三点。第一，想象大胆，天马行空。第二，描写具体，不要写空话套话。第三，想象出来的故事要合情合理，切忌胡编乱造。如果可以胡编乱造，那谁不会写？我直接让左小文伸出手指头捻死精灵王就行了，还召唤月光神剑干什么？"

"那你打算怎么写结尾？"

戴星儿深吸一口气："我想来想去，觉得应该请精灵隐士出场了。"她一边说着，一边把鹅毛笔举到月光里，胸有成竹地写起来：

左小文手持月光神剑，与精灵王展开生死大战。虽然月光神剑威力无穷，但左小文终究太年轻了，根本不是老奸巨猾的精灵王的对手。渐渐地，他开始感到体力不支，精灵王的攻势却越来越猛烈，长刀激起的黑雾排山倒海，朝他席卷而来。

只听"叮"的一声，左小文的月光神剑脱手飞出，消失在夜空中。

"嘿嘿，去死吧！"精灵王抡起长刀，朝他的脖子直劈下来。

　　"精灵隐士！快救救我！"左小文失声大叫。

　　就在千钧一发之际，一个柔和而有力的声音忽然传来："住手。"

　　精灵王全身一颤，急忙转过头，只见在晶莹如玉的月光中，一个飘逸的身影缓缓飞来，它就是精灵隐士。

　　戴星儿写完，往天上看去——左小文果然快支撑不住了。精灵王冷冷地一笑，准备一刀劈下。突然间，月光一闪，一个披着银白色斗篷的精灵从天而降，落在木台上，幽幽地说："小黑，收手吧。"

　　"它……它真的是精灵隐士吗？"冯歌德不敢相信。

　　精灵隐士微微一笑，它的脸庞虽然深埋在斗篷里，但笑声就像月光一样清澈，令人感到格外亲切。

精灵王哼哼鼻子，直勾勾地盯着精灵隐士。精灵王的脸始终隐藏在青铜面具后面，让人难以看透表情，但大家已经明显感觉到，它开始慌乱了。

　　"小白！你说过不再插手精灵岛的事了，为什么又跑来了？"精灵王咬牙切齿地问。

　　"我是说过。"精灵隐士淡淡地说，"几百年前，我和你打过一个赌，因为你暗施诡计，我的王位被你夺走了。后来我在月光深处的无影城中隐居起来，并且发誓，不到万不得已，绝不再踏入精灵岛半步……"

　　"那你为什么食言了？食言而肥，你丢不丢人？"

　　"其实，几百年来我一直默默关注着精灵岛。我原本以为你能带大家过上快乐的日子，没想到岛上的情况越来越糟糕。据我所知，现在大家都不快乐，而且全岛上下人心惶惶。"精灵隐士长叹一声，"所以，哪怕食言而肥，我也必须回来，帮每一个精灵找回它们失去的自由和快乐……"

　　"谁说它们不快乐？它们特别快乐，每天都像过年一样开心！"精灵王叫道，"你以为我不知道吗？你分明是找借口图谋篡位！"

"小黑，咱俩从小一起长大，同门学艺，我是什么人你还不清楚吗？"

"当然清楚！你就是一个卑鄙无耻的伪君子！"

"唉，看来咱俩没什么可说的了。"精灵隐士苦笑一声，"你放我的朋友们走吧。"

"你让我放我就放？你是精灵王还是我是精灵王？"

"如果你不放，那不好意思，我就只能动手了。"

"笑话！我堂堂精灵王，还会怕你不成？"精灵王长刀一挥，喝道，"摆作文大阵！"

四大护法闻言，飞过来在精灵王的身后围成一个半圆，齐声问："大王，摆什么阵？"

"当然是烂作文大阵！作文越烂，破绽越多，摧毁力就越大。每个破绽都像一枚炸弹，保证能把它们的防线炸得七零八落！"

"遵命！"四大护法马上念动咒语。一刹那，无数的光点从它们的口中飞出来，在周围形成一圈亮晶晶的光罩，一行行文字在光罩中像鱼一样浮动着。

"嘿，出绝招了。"精灵隐士从左小文手里接过月光神剑，微笑着说，"我已经有几百年没修改过作文了，心里还真有点没底呢。"

它刚说完，光罩上的那些文字就变成无数寒光闪闪的暗器，像流星雨一样扑来。

"是一篇作文！"左小文叫起来。

"准确地说，是一篇烂作文。"精灵隐士随手一挥，鹅毛笔立刻回到它手中，在空中画出一个透明的方框，霎时间，所有的文字都被吸入框内。看上去，整个方框就像是一页写满字的作文纸。

大家仰着头读起来，作文的题目是"真正的勇气"。

"修改作文，首先应当通读全文，看看作文的中心是否明确，选材是否恰当，结构是否合理，详略是否得当。"精灵隐士慢悠悠地说，"在我看来，此文简直驴唇不对马嘴。题目是'真正的勇气'，内容讲的却是他和小伙伴去桃园偷桃的经历，跟勇气没有一点关系。选材不当，结构乱七八糟，而且废话连篇，打回去重写！"说完，它抓着鹅毛笔，打下一个大大的叉号。

顿时，所有的文字就像被炮弹击中一样，炸成无数的碎片。

精灵王十分恼怒，喝道："改变战术，重点出击！"

眨眼间，第二组文字飞出光罩，冲向精灵隐士。那是一个比较简单的句子，每一个文字都像匕首一样锋利：

只要有顽强拼搏、肯下苦功，什么困难都难不倒我们。

精灵隐士用鹅毛笔把它们圈起来，淡定地说道："修改作文分为大改和小改。修改主题、调整结构、替换材料都属于大改，而小改就是修改作文的句子、字词或标点符号。经过多年潜心研究，我总结出小改的五大绝招。第一招是增，就是增加一些残缺的字词。"

它一边说，一边用鹅毛笔在那个句子里飞快地
添上几个字：

    只要有顽强拼搏、肯下苦功的决心，
什么困难都难不倒我们。

随着"噗"的一声轻响，那些文字当场爆炸，消散成一团团白烟。

精灵王暴跳如雷，挥手道："雷霆两连击！"

第三组文字飞出来，在半空中拼成第二个句子：

关于创作，笨笨老师提出了许多真知灼见的意见。我不劳而获，对老师充满感激。

"第二招是删，就是删掉赘余的字词。比如'真知灼见'和'意见'的意思有重复，要删掉一个。第三招是换，如果使用的字词不恰当，必须换掉。'不劳而获'就是误用，换成'获益匪浅'更合适。"

精灵隐士刚说完，鹅毛笔就把那个句子修改好了：

关于创作，笨笨老师提出了许多真知灼见。我获益匪浅，对老师充满感激。

作家秘籍

写作文很重要，但修改作文更重要。很多大作家，都在修改文章方面下过一番苦功。读一读这些大作家的故事，想想你能从他们身上得到哪些启示。

俗话说，文章不厌百回改。

俄国伟大作家托尔斯泰，用三十七年的时间完成了《战争与和平》。他在创作的过程中参考了无数的历史资料，并把全书修改了七次。单是开头部分，他就先后改了十五遍。

另一位大作家果戈理甚至给自己规定，每一篇稿子都要至少修改八次。

俄罗斯著名寓言大师克雷洛夫，也经常修改自己的寓言作品。动笔之前，他往往要苦思冥想几个月，写完之后，他还要一句一句地认真修改。他的寓言诗《公鸡和杜鹃》草稿足足有二百行，但最终发表出来的只有短短二十一行。

法国大作家巴尔扎克，一生创作了一百多部小说。每一部小说出版前，他都要花大力气反复修改。一校改，二校改，三校还要改，有时候他增改的内容甚至比原文还要多，让排字工人叫苦不迭。

短篇小说巨匠莫泊桑，是法国文学大师福楼拜的学生。有一次，莫泊桑带着一篇新作去请教福楼拜，看见他的书桌上堆着很多文稿。奇怪的是，每页文稿都只写了一行，其余九行都是空白。福楼拜笑着解释道："我写作有一个习惯，一张十行的稿纸，我只写一行，其余九行是留着修改用的。"

在我国古代，西晋文学家左思用十年时间写成《三都赋》，一时洛阳纸贵。曹雪芹将《红楼梦》批阅十载，增删五次，更是传为文坛佳话。

北宋大文豪欧阳修的《醉翁亭记》是千古名篇，文章的开头原本描写的是滁州的群山，后来欧阳修反复斟酌，最终删减为五个字："环滁皆山也"。言简意赅，令人击节赞叹。

晚年的时候，欧阳修还经常把自己的文章贴在墙上，一个字一个字地改。夫人劝他："你何必折磨自己呢？难道还怕先生骂不成？"欧阳修笑道："不怕先生骂，却怕后人笑。"

由此可见，修改作文非常重要。所以，现代著名教育家叶圣陶总结出一句话："文章是改出来的。"

魔法练习册

　　修改作文包括大改和小改。大改指的是修改作文主题、调整结构或替换材料，而小改指修改作文的句子、字词或标点符号。下面每个句子里都存在一项语病，试着改一改。

(1) 炎热的太阳浸湿了爸爸的衣衫。
(2) 天文学对我很感兴趣。
(3) 万里长城、故宫博物院和南京长江大桥是中外游客向往的古迹。
(4) 如果我们生活富裕了，就不应该浪费。
(5) 在电影中，刻画了一个伟大母亲的形象。
(6) 一列火车飞快地奔驰着，一阵风透过车窗徐徐吹来。
(7) "你好，"她问我："小明在家吗？"
(8) 赤面秉赤心，骑赤兔追风，驰驱时无忘赤帝，青灯观青史，仗青龙偃月，隐微处不愧青天。
(9) "你想吃西瓜吗？小强。"

答案解析：
(1) 主谓语搭配不当，因为太阳不可能浸湿衣衫。应该改为"炎热的太阳让爸爸流了许多汗，浸湿了衣衫"。
(2) 主语和宾语颠倒。应该改为"我对天文学很感兴趣"。
(3) 南京长江大桥不属于古迹。可以改为"万里长城、故宫博物院是中外游客向往的古迹"或"万里长城、故宫博物院和南京长江大桥是中外游客向往的景点"。
(4) 关联词使用错误。应该改为"即使我们生活富裕了，也不应该浪费"。
(5) 主语残缺。应该改为"电影刻画了一个伟大母亲的形象"。
(6) 逻辑错误。火车在飞驰，窗外的风不可能徐徐吹来。可以改为"一阵风透过车窗呼呼吹来"。
(7) 冒号误用。因为提示语在中间，所以冒号要改为逗号。
(8) 第三个逗号，要改为分号。因为上下联中都有逗号，而且两联是并列关系，所以要用分号来隔开。
(9) 问号误用。在表示疑问的话语中，含有称呼的，不管称呼在前还是在后，问号都要放在句尾。所以要把问号改为逗号，句号改为问号。

第三十章

小白与小黑

巧妙构思

精灵王看到它和四大护法使出的绝招被精灵隐士轻而易举破解了，在恼羞成怒的同时，也彻底慌乱起来。

　　"可恶！"它沙哑着嗓门大叫，"快使第三个大招！"

　　四大护法的光罩上再次飞出一组文字，凶猛地扑向精灵隐士，拼出第三个句子：

　　我改正并找出了作业中的许多错误。

　　"小改的第四招是调。如果作文中的词语顺序颠倒，就要根据语感或常识来调整词序。比如'改正'和'找出'的顺序就是颠倒的，应当调整过来。"精灵隐士话音一落，鹅毛笔就飞过去，把句子修改好了：

　　我找出并改正了作业中的许多错误。

　　精灵王惊慌失措地咆哮道："没人能击垮我的烂作文大阵！终极绝招，夺命出击！"

眨眼间，最后一组文字扑面而来，在空中拼出第四个句子：

我每次去外公家，他都会兴高采烈地冒着严寒和酷暑，兴致勃勃地带我去爬村里的小山。

精灵隐士微笑道："小改的第五招是缩。有时候，一些词句存在着重复啰唆、前后矛盾的情况，就要把重复的词语删掉一些，把句子压缩一下。这个句子里，'严寒'和'酷暑'同时出现，不合事理，而且'兴高采烈'和'兴致勃勃'是一个意思，属于重复啰唆，都必须改掉。"鹅毛笔挥舞几下，就把句子修改过来了：

我每次去外公家，他都会冒着严寒或酷暑，兴致勃勃地带我去爬村里的小山。

精灵王和四大护法的绝招使完了，它们周围的光罩也逐渐消散。四大护法面面相觑，不知如何是好。精灵王已经无计可施，只能咬牙切齿地说："赤焰，搬救兵！"

"小黑，认输吧。"精灵隐士仍然不紧不慢地说着，"几百年来，我一直在无影城内刻苦钻研作文技法。虽然精灵岛的作文秘籍是在你手中，但很显然，你只是把秘籍藏在古堡里，根本就没有吃透它。任何一种作文技法，只有在运用的过程中不断完善，才能赋予它真正的生命力。将秘籍束之高阁，只会让它变成无用的古董……"

"少废话！"精灵王吼道，"赤焰，快叫人！"

"不用麻烦了，我决定亲自去一趟精灵古堡。毕竟，我已经几百年没回精灵岛了，也该跟大家叙叙旧了……"精灵隐士把手轻轻一挥，于是，左小文背起青芽，戴星儿背起紫月，冯歌德背起黑豆，大家顺着参天古树飞下去，回到了精灵古堡。

很快，岛上的精灵再次在古堡中集结起来。大厅内依旧一片死寂，几万双眼睛一起望向中央的场地。场地上，披着黑色斗篷的精灵王站在一旁，它身后站着五大护法，以及几十名身穿铠甲的士兵。而披着银白色斗篷的精灵隐士站在对面，它身后自然是左小文、戴星儿、冯歌德，以及被解除法力的青芽、紫月和黑豆。

虽然精灵王戴着青铜面具，但大家都能感觉出来，它非常紧张，一副严阵以待的样子。精灵隐士却还是老样子，一脸的悠然自得。

"子民们！"精灵王指着精灵隐士，用一贯阴鸷的语气说，"它就是我们精灵王国最卑鄙的叛国者小白……"

"等等！"左小文忽然说，"我想知道，在精灵王国，到底谁才是真正的国王？"

"那还用问吗？"精灵王尖叫道，"当然是我！"

"哦？你怎么证明你是国王？"

"废话，在场的每一个精灵都能证明！"

左小文朝观众席望去，大声喊道："各位！谁能证明它就是咱们精灵王国的国王？"

古堡内鸦雀无声，没有哪个精灵敢证明，当然，也没有哪个精灵愿意证明。

"你看，"左小文耸耸肩，"谁也不能证明……"

"我能证明！"橙墨精灵跳出来大叫，"我们五大护法都能证明！"

"你们是一伙的，所以证明无效。"左小文甩甩手，"我们还能证明精灵隐士是国王呢，有用吗？没用，道理是一样的。"

精灵王气得火冒三丈："我拥有无上的权力，还拥有作文秘籍，我不是国王谁是国王？"

左小文咧嘴一笑："权力可以被夺走，秘籍可以被偷走，都不能作为证据。不过，我倒想到一个好办法，可以证明你是国王……"

"什么办法？"

"大家都知道，在精灵岛上，只有国王才有资格掌握所有的作文技巧，也就是说，国王的写作水平是最高的。那么，只要你能证明你的写作水平最高，自然就能证明你是国王。"

"有道理！"精灵王十分高兴，"我可以当场写一篇作文，证明我的水平是无敌的！"

左小文和冯歌德相视一笑，知道精灵王中计了。

旁边的戴星儿说："太好了！我可以出一道作文题，你和精灵隐士各写一篇作文，谁写得好，谁就是精灵王国真正的国王！"

"你说什么？让我和叛国者小白比赛写作文？不行不行！"精灵王连连摆手。

"嗨，你怎么净出馊主意呢？"冯歌德埋怨戴星儿，"大家都知道，小黑写作文太烂，不敢跟精灵隐士比，咱们可不能强人所难……"

精灵王一听，勃然大怒："小黑是你叫的吗？还有，谁说我不敢跟它比？哼，比就比！不过我有一个条件，为了公平起见，作文题必须由我们的橙墨精灵来出！"

就在此时，一直笑眯眯倾听的精灵隐士终于开口了："好，那就请橙墨出题吧。"

橙墨精灵点点头，走到场地中央的石桌前，轻轻一碰自己头顶的那支铅笔。铅笔立刻飞起来，在空中写下几行文字：

生活中，爱无处不在，只要我们用心

去寻找，就一定能发现。请以"身边的爱"为题，写一篇记叙文。

要求：抒发真实感情，全文不少于500字。

"好极了！"精灵王非常满意，"下面我就给大家演示一下怎样才能写出一篇好作文！"

"精灵王要讲课了！"赤焰精灵宣布道，"大家认真听讲！"

精灵王显然想趁机展示一下自己高超的作文技艺，以证明自己当国王是最合适的。它伸手一弹头上的短刀，短刀立刻变成教杆。教杆在空中画出一个长方形的黑板，一些密密麻麻的文字就在黑板上浮现出来。

"要写好一篇作文，构思是很关键的。"精灵王用教杆指着黑板说，"通常来讲，*构思的第一步是确立作文的主题，也就是中心思想。中心思想是一篇作文的灵魂，也是全文要集中表现的内容。可以说，作文中的每一句话都是为突出中心服务的*。"

"说得好！"赤焰精灵带头鼓掌，观众席上渐渐响起一阵稀稀拉拉的掌声。

"比如，我要写《身边的爱》，作文的中心就是发生在我们身边的真爱故事，必须围绕中心把作文的结构确定下来。所以，*构思的第二步就是确定作*

文的结构……"精灵王说着，冷不丁地问道，"小白，你知道写作文最常用的结构有哪些吗？"

精灵隐士微笑着回答："当然知道。作文的结构很多，比较常用的是总分式结构，包括总分结构、分总结构、总分总结构三种形式。比如我要写一条警犬，就可以先总述它的赫赫功勋，然后选择几件它英勇救人的事迹写一写。还有并列式结构，段与段之间是并列关系，没有主次轻重之分。比如写家乡的四季，就可以用四段来分别描写四季的风光。除此以外，还有递进式结构，段与段之间按照时间顺序、空间变化的顺序或事物发展的顺序连接起来。比如写观察日记或旅游日记，就往往采用递进式结构。当然，还有对照式结构，就是把截然相反的两个事例放在一起进行对比。比如写一个大公无私的人，就可以把他与一些自私的人对比一下，对比越鲜明，中心思想就越突出……"

"够了！"精灵王不耐烦地打断它的话，继续说，"构思的第三步，是根据中心和结构来选择材料。大家都知道，作文通常是由中心思想、结构和材料三个部分组成的。中心思想是一篇作文的灵魂，结构是作文的骨架，而材料就是作文的血肉。我写《身边的爱》，自然就要选择各种真爱事例，像母子之爱、师生之爱、邻里之爱，都可以写进去。"

"尊敬的陛下！"绿镜精灵举起手问，"把中心思想、结构和材料都构思好了，是不是就可以开始写了？"

"如果你们的写作经验丰富，当然可以直接写。"精灵王说，"不过，对于那些缺乏一定写作基础的人来说，最好在动笔之前简单列一下提纲……"

观众席上的精灵们纷纷点起头来，每张脸上都摆出一副恍然大悟的样子。

作家秘籍

对于创作来说，构思是必不可少的一环。而构思需要灵感的激发。读一读这些大作家的故事，看看他们的创作灵感都是如何诞生的吧！

灵感来自童年

经常有小学生说："唉，我还是小孩子，没什么出奇的经历，所以写不出好文章来。"

事实上，很多大作家的作品，都是从童年或少年时代的回忆中得到的灵感。

美国作家薇拉·凯瑟说："一个作家在创作中所使用的素材，大都是发生在15岁之前的事情。"日本作家村上春树也认为："回忆是人类最宝贵的财富。它是一种燃料，燃烧自己并温暖你。我的回忆像一个柜子，柜子里有很多抽屉。当我想回到15岁时，我打开某个抽屉就能看到自己在神户的少年时光……"

鲁迅先生的很多作品，都写到了童年往事，像《故乡》《社戏》《从百草园到三味书屋》，无一不是传世名篇。巴金的《童年的回忆》，也是一部感动人心的佳作。萧红一生写过很多优秀的作品，但她写得最成功的，还是描写童年时代的《呼兰河传》。

作家迟子建说："没有我童年的经历，是不可能有我的写作的。一个作家的童年经验，可以受用一生。那些经验像一颗永不泯灭的星星，能照亮你未来的写作生涯。"

所以说，大作家们的很多伟大的构思，都是从童年出发的，那些美妙的灵感，就存在于童年的角角落落。而身处童年的你，只要善于发现，勤于思索，灵感一定会像涌泉一样源源不绝，一些精彩的构思也会因此诞生。

大师为你引路

很多作家都说过，他们是因为被少年时代读过的书深深打动，所以立志成为一名作家。

比如哥伦比亚作家马尔克斯，他年轻的时候，从一位朋友那里借到了一本卡夫卡的短篇小说集。他随手翻开书中的《变形记》，刚读完第一行，整个人就被震住了。卡夫卡写道："一天早晨，格里高尔·萨姆沙从不安的

睡梦中醒来，发现自己躺在床上变成了一只巨大的甲虫。"

马尔克斯一口气读完，自言自语："原来可以这样写东西！"于是，他马上开始写小说。十几年之后，马尔克斯写出了《百年孤独》。

英国作家马丁·艾米斯谈到创作的秘诀时曾经说过，一旦他在写作的过程中遇到困难，就会想：如果让狄更斯来写，他会怎么安排后面的故事呢？非常神奇的是，只要停下来想想自己所仰慕的作家，他们就会把自己往前推进一步。

所以，对初学写作的你来说，多读一些大师的作品，并为自己设立一个学习目标是很有必要的。大师们不但会在写作之路上引领你，还会在必要的时候为你提供帮助。因为，阅读就是与文学大师的亲密对话。

沉思与梦境中的奇想

德国哲学家尼采说过，他习惯于在户外思考。走路的时候，爬山的时候，跳舞的时候，尤其是独自在山上或海边的时候，在那里，连一条小路都是引人深思

的。奥地利作家卡夫卡也说，只要陷入沉思，安静地等待，世界就会慷慨地把自己呈献给你。

所以，很多作家都会为自己创造独处的空间。苏联诗人马雅可夫斯基，为了创作一首长诗，就从莫斯科城内搬到幽静的郊外，不与任何人见面，关起门来苦苦构思，然后一口气写了三个多月。

还有的作家，喜欢从梦境中寻找灵感。比如美国作家斯蒂芬妮·梅尔，有一次，她梦见一个女孩去森林中拜访吸血鬼。第二天清晨，毫无写作经验的她就拿起笔来，开始创作一部关于女孩和吸血鬼的小说，书名叫《暮光之城》。

而英国作家罗琳创作的《哈利·波特》，灵感来源于一次奇妙的偶遇。当时，罗琳坐在开往伦敦的火车上，就在沉思的时刻，她看见窗外有一个戴着眼镜的小男孩在对自己微笑。霎时，奇异的灵感冲进她的脑海。在接下来的旅途中，她完全沉浸在想象的世界里，很快，一座神奇的霍格沃茨魔法学校就在她的心中搭建起来了……

图书在版编目（CIP）数据

　　勇闯精灵岛：上、下 ／ 毛小懋著 ；三羊绘．－－昆
明 ：云南科技出版社，2020.9（2021.6重印）
　　（作文精灵）
　　ISBN 978-7-5587-3015-3

　　Ⅰ．①勇… Ⅱ．①毛… ②三… Ⅲ．①作文课－小学
－教学参考资料 Ⅳ．①G624.243

　　中国版本图书馆CIP数据核字(2020)第178878号

作文精灵
ZUOWEN JINGLING

勇闯精灵岛： 上、下
YONGCHUANG JINGLINGDAO：SHANG、XIA

毛小懋 著 三 羊 绘

出 品 人：杨旭恒	
策　　划：李 非 戴 勇 王丽雅 魏小杉	
责任编辑：李凌雁 杨志能	
助理编辑：杨梦月	
美术编辑：辰 茜	
责任校对：张舒园	
责任印制：蒋丽芬	

书　　号：ISBN 978-7-5587-3015-3
印　　刷：北京宝丰印刷有限公司
开　　本：787mm×1092mm 1/16
印　　张：12.25
字　　数：200千
版　　次：2020年9月第1版
印　　次：2021年6月第2次印刷
定　　价：55.00元（上、下册）

出版发行：云南出版集团公司 云南科技出版社
地　　址：昆明市环城西路609号
电　　话：0871-64190973

在精灵岛上，作文三人组变成三只精灵，使出浑身解数救出了青芽和紫月。就在大功告成之际，精灵王和四大护法却突然出现……

著 者

毛小懋，儿童文学作家，儿童期刊执行主编。已出版《嘻哈别字岛》《时光男孩米小扬》《标点符号总动员》《最三国作文》等作品数十部，曾获桂冠童书奖。

绘 者

三羊，本名彭洋，英国爱丁堡艺术学院动画硕士。出版儿童绘本《兵马俑的秘密》《我走进了名画里》，版权输出到英国、新加坡、菲律宾；为《自控力童话》《辫子姐姐成长123》《小诗词》等系列童书创作插图；出版绘本日记《宝贝，当你在妈妈肚子里》。

作文精灵

Composition Fairies

勇闯精灵岛〈上〉

- 著 毛小懋
- 绘 三 羊

云南出版集团　YNKJ 云南科技出版社

·昆明·

主要出场角色

左小文

　　七星镇小学有名的调皮鬼，聪明机灵，但学习成绩一般，态度也不够积极。在写作方面，更是让老师头疼。后来，在青芽精灵的帮助下，他逐渐开窍，最终爱上写作文。

戴星儿

　　左小文的同桌，时而文静内敛，时而活泼开朗。她的写作水平在班里属于中等，作文中常有奇思妙想。认识紫月精灵后，她的写作水平飞快提升。

冯歌德

　　左小文的死党，知识渊博，是班里写作水平较高的几名同学之一。他的宠物黑豆精灵，不但没给他帮上什么忙，反而惹了不少麻烦。

青芽精灵

　　左小文的宠物，骑鲸而来，古灵精怪，有时胆大包天，有时胆小如鼠。因为偷窥过精灵岛上的秘籍，它掌握了大量作文技法。它的缺点是好为人师，而且讲话唠叨。

紫月精灵

戴星儿的宠物，从天而降，冰雪聪明，关键时刻总能奋不顾身。它和青芽精灵带着无数写作绝招，逃出精灵岛，来到七星镇。它讲起作文技巧，同样唠唠叨叨。

黑豆精灵

青芽精灵的伙伴，忠诚而憨厚，但经常惹是生非。它一直守候在精灵岛上，并在青芽和紫月陷入绝境时挺身而出。

精灵王

精灵岛的统治者，冷酷暴虐，令人望而生畏。因为青芽和紫月公然叛逃，它率领四大护法出海追捕。

精灵隐士

精灵王的同门师兄，被精灵王夺走王位后，隐居在无影城中。它一直关注着精灵岛上的一举一动，只要听到精灵们的召唤，它就会在月光中现身相救。

笨笨老师

七星镇小学的语文老师，精通作文技巧，讲课风趣，深受学生们的喜爱。他自称"笨笨老师"，其实大智若愚。据说，他与精灵王有千丝万缕的联系……

目录

第二十一章

时空
中转站

发挥奇思妙想

左小文把古铜色的钥匙插进锁孔，用力一扭，随着一声悦耳的轻响，那扇时空之门缓缓打开。戴星儿和冯歌德凑过来，朝里面一看，立刻惊呼起来："哇！好神奇啊！"

出现在他们面前的是一片蔚蓝的大海，风平浪静，一望无际。

左小文带着满心的激动，率先踏出门，跑向海边。此时月亮挂在中天，皎洁的月光铺在海面上，空气中充满了清新的味道。放眼望去，远处有几只海鸥在空中盘旋，嘹亮的叫声随着柔柔的海风传来，听上去既辽远又迫近，如同一个神秘的梦境。

戴星儿欢呼一声，蹦蹦跳跳地跑到海滩上，俯身捡起贝壳来。冯歌德小心地跨过门槛，深吸一口气，好奇又谨慎地打量四周。

此时此刻，他们站在一片布满圆形礁石的银色沙滩上，周围阴沉沉的，一棵树也没有，荒凉中透着一丝诡异。冯歌德忽然想到什么，猛地回头一看，却发现那扇门已经消失了。

他走近左小文，不安地说："莫非我们现在就在精灵岛上？"

左小文也不敢确定，随手举起那支鹅毛笔："我们还是问问笔先生吧。"

不等他开口，鹅毛笔就飞到半空中，蘸着月光写道："欢迎大家来到时空中转站！顾名思义，时空中转站就是一个能让你们在穿越的旅途中短暂停留的地方。从时空中转站出发，你们可以越过海洋，前往自己想去的任何时空……"

左小文说："我们要去精灵岛，快送我们去吧。"

鹅毛笔朝海面上一指，继续写道："喏，看到没有？海平线上有一个很小的黑点，那就是传说中的精灵岛。你们现在启程，应该能赶在天亮前到达。"

"请问，我们的船在哪里？"冯歌德问。

"什么船？"

"当然是去精灵岛的船！难不成你想让我们从大海上飞过去吗？"

"哦，你们只能自己想办法。"

"我们自己想办法？有没有搞错！"左小文和冯歌德不约而同地大叫起来。

戴星儿听到他们的说话声，快步走过来，手里捧着一只大大的海螺。鹅毛笔在空中龙飞凤舞地写道："你们要想飞往作文精灵王国，当然要用作文的办法。"

　　"作文的办法？"戴星儿推推眼镜，若有所思地问，"你的意思是让我们写作文吗？"

　　"我想你们都听过一句话：想象是创造的源泉，它可以为作文插上腾飞的翅膀。所以，只要你们每人现场写一篇想象作文，借助想象的力量，便能渡过大海。现在，你们就尽情地发挥奇思妙想吧！"鹅毛笔说完，轻轻一个翻身，落回左小文的手掌上。

　　"唉，又要写作文！"左小文十分沮丧。

　　"我还是比较擅长写想象作文的。"冯歌德笑嘻嘻地说，"想象作文的种类挺多的，比如联想作文、假想作文、科幻作文，都属于想象作文。当然，童话也是其中的一种。作为一名科幻爱好者，我就写篇科幻作文吧！"

　　左小文看着遥远的海平线，随口问："科幻作文怎么写？"

冯歌德摆出一副老师的架势，慢条斯理地说：
"科幻作文是科学幻想作文的简称。具体来讲，就是以科学知识为基础，用科学思维的方式来表达幻想或愿望的作文。科学幻想作文，首先必须是科学的，其次必须是幻想的，最后必须是作文……"

"你说的不是废话吗？"左小文撇撇嘴。

"总之，写科学幻想作文，要在遵循科学原理的基础上，充分发挥想象力，写出一篇符合创作规律的作文。"冯歌德说完，望向大海，皱着眉头构思起来。

左小文刚要开口，就见冯歌德猛地抓过鹅毛笔，在半空中写起作文来：

征服大海的发明

我是一名卓越的发明家，今天，我要用我的伟大发明来征服大海。

站在波涛汹涌的海边，我从怀里摸出

一颗机械胶囊，把上面的红色按钮轻轻一按，然后向大海里抛去。胶囊在空中划过，越变越大，而且像变形金刚一样开始飞速变形。等它落到海上的时候，已经变成一艘气垫船。

我跳上船，乘风破浪，向前疾驶。想不到，刚驶出不远，就有一群鲨鱼围拢过来。它们张开大嘴，露出白森森的牙齿，不停地往我的船上扑。我临危不惧，按下船舱里的一个蓝色按钮，船立刻变成一艘

潜艇，艇体由特种钢制造，可以抵御任何鱼类的撞击。

潜艇潜入海底，很快就冲出鲨鱼的包围圈。就在此时，舱内的声呐响起警报，原来前方出现一个巨大的漩涡。如果不避让的话，潜艇肯定会被漩涡吞噬的。

我当机立断，把控制台上的绿色按钮用力一按。顿时，潜艇像海豚一样冲出水面，就在接近漩涡的一瞬间，变成一架喷气式飞机，接着从漩涡的上空飞掠而过，直冲云霄。

眨眼间，一座绿色的岛屿出现在我面前。我让飞机缓缓降落，然后跳出机舱，张开怀抱大声说："精灵王国，我来了！"

写完最后一个字，冯歌德发现自己手里真的冒出一颗机械胶囊。他把胶囊抛向大海，一艘气垫船果然出现在月光下的海面上。不过，这艘气垫船，只坐得下一个人。

冯歌德高兴地爬上船，朝左小文和戴星儿挥挥手，便驾着船飞快地驶远了。

戴星儿拍拍手："冯歌德的想象力还是挺丰富的，他的幻想内容也有一定的科学依据。那我就写一篇联想作文吧，题目叫作《海边的联想》。"

左小文着急地叫道："我本来也准备写联想作文的，没想到被你抢先了！"

"你知道联想作文怎么写吗？"

"不……不知道。"

"瞧瞧，你都不会写，瞎起什么哄啊！"戴星儿笑着讲解起来，"*所谓联想作文，就是在作文中抓住事物的一点或几点，展开联想。联想既要大胆，也要合理，不能胡思乱想。*比如要写关于大海的联想作文，就必须围绕大海来展开，切忌东拉西扯。当然，*想象必须新颖，换句话说，就是要有创意……*"

"知道了。"左小文不耐烦地摆摆手，"你赶紧写你的吧！"

戴星儿拿起鹅毛笔，稍作思索，便在空中写起来：

海边的联想

我喜欢大海，每次在海边漫步，听着潮来潮去的声音，都会觉得心中格外宁静。而我的思绪就像断线的风筝一样，飘来飘去……

站在银色的沙滩上，我捡起一只漂亮的大海螺，放在耳边倾听。一阵呜呜的声响传来，听上去既像大海的涛声，也像海底居民们的细语。

　　我仿佛看见，在过去几十年的岁月里，大海螺都静静地守在海底，每天有无数的鱼虾在它身旁闲聊，无数的海藻在它面前摇曳，当然，还有人鱼公主化成的无数泡沫，在它的周围嘟嘟作响。大海螺把每一

种声音都细心地收集起来，珍藏在心底。所有的声音汇聚到一起，谱成一支大海的交响曲。

在一片寂静之中，几只海鸥飞过海面，带来一阵清脆的叫声。我知道，它们带来的还有关于远方的消息。恍惚间，我看见它们就像一群忠诚的使者，为海洋里的居民们送去祝福。它们飞过溯流洄游的鳗鱼群，飞过蓝鲸像山丘一样的脊背，飞过海燕筑在岩石上的巢，飞到大海的彼岸，去拜访岛上的精灵们。

想到精灵岛，我的心头不禁一热。我相信，亲爱的紫月精灵一定在岛上焦急地等着我。我一定会竭尽全力，把它和青芽精灵从精灵王的手中解救出来……

我的思绪越飘越远，与此同时，我感觉自己像气球一样飘浮起来，越飞越高，向精灵岛缓缓飘去……

就像作文中描写的那样，戴星儿真的飞起来了。左小文大惊失色："哎呀呀！戴星儿，你咋升天了？"

　　"哼，你才升天了！"戴星儿一边上升，一边没好气地叫道，"我要飞往精灵岛了！科幻作文和联想作文我们都写出来了，你就写一篇假想作文吧！"

　　"不是吧？"左小文急得直挠头，"假想作文咋写？我没写过啊！"

　　"假想作文就是对没发生过的事情进行想象，然后写成作文。你可以假想你是一条鱼，也可以假想你是一只鸟。"戴星儿越飞越远，声音越来越渺茫，"假想作文既可以写成故事，也可以列举一些场景，还有，想象必须合情合理……"

　　左小文目送着戴星儿像风筝一样远去，再看看空无一人的银沙滩，心中不禁有些慌乱。他在海边来回踱着步子，嘴里嘟囔道："我干脆假想自己是条鱼吧！"

精灵文摘

想象作文包括联想作文、假想作文、科幻作文和童话。在各种各样的故事书里，想象类的故事通常也是小朋友们最喜欢读的。下面，我们就欣赏一下中外名家名作中一些充满奇思妙想的片段吧。

启航的日子终于到了！

我们一下飞机，就被地球发动机的光柱照得睁不开眼，这些光柱比以前亮了几倍，而且所有的光柱都由倾斜变成笔直。地球发动机开到了最大功率，加速产生的百米巨浪轰鸣着滚上每一片大陆，灼热的飓风夹杂着滚烫的水沫，在林立的顶天立地的等离子光柱间疯狂呼啸，拔起了陆地上所有的大树……这时从宇宙空间看，我们的星球也成了一个巨大的彗星，蓝色的彗尾刺破了黑暗的太空。

地球上路了，人类上路了。

（刘慈欣《流浪地球》）

格里高尔的眼睛又朝窗口望去，天空很阴暗——可以听到雨点敲打在窗槛上的声音——他的心情也变得忧郁了。"要是再睡一会儿，把这一切晦气事统统忘掉该多好。"他想。但是完全办不到，平时他习惯于朝右边睡，

可是在目前的情况下，再也不能采取那样的姿态了。无论怎样用力向右转，他仍旧滚了回来，肚子朝天。他尝试了至少一百次，还闭上眼睛免得看到那些拼命挣扎的腿，到后来他的腰部感到一种从未有过的隐痛，才不得不罢休。（［奥地利］卡夫卡《变形记》，李文俊译）

"既然这样，我又何必再照耀大地呢？"一天，太阳感伤地说，"你们既然不下种子来叫我培育成熟，既然用不到我来照着你们做工，我的照耀就失去了意义。让你们在黑暗里面逍遥吧，我是不愿意照耀一批懒虫的。你们得想想明白，赶快做工，否则我也要请假了！"

"别管我们，太阳先生，"人们抱怨地说，"你要怎样做，随你的便，我们早已决定不再做工了！"

那一天晚上，太阳在西下的

时候脸色通红，显然是发怒了，明天早晨他就不再回来了。他已经请假了！（［德］柏吉尔《大阳请假的时候》，顾均正译）

第二十二章

左小文
大变身

怎样写景

左小文站在海边，构思半天，终于抓起鹅毛笔，在空中写起字来：

假如我会变身

假如我会变身，我一定要变成一条旗鱼，因为旗鱼的游泳速度特别快。我就在水中摇摇尾巴摆摆头，轻轻松松往前游，肯定不用太久，便能游到精灵岛。

假如我会变身，我还要变成一只雨燕，因为雨燕是飞行速度最快的鸟类之一。我在空中拍拍翅膀扭扭腰，快快乐乐飞得高，相信眨眼间，就能飞到精灵岛。

左小文写到一半，忽然一拍脑门："嗨！变成鱼和鸟多麻烦，我干脆变成孙悟空，上天下海，无所不能！"

说完，他提笔把空中的文字全部画掉，重新写道：

假如我会变身，我就变成孙悟空，身穿虎斑裙，脚踩筋斗云，来到海边，念起避水诀。一刹那，大海掀起波涛，海水向两边分开，海底出现一条大路。我走下去，踩着干燥的海底，就像在水族馆中游玩一样，一边欣赏着两旁的海底风光，一边往前走。如果走累了，我就跳上筋斗云，懒洋洋地躺在上面，慢慢悠悠地朝精灵岛飞去……

　　左小文写完，笑嘻嘻地说：“大功告成，赶快让我变身吧！”

　　话音刚落，左小文就发现自己摇身一变，真的变成齐天大圣孙悟空，肩上扛着金箍棒，脚底踩着筋斗云。他随口念出一句避水诀，海底果然分开一条路来。

　　左小文一跃而起，跳进海底，大摇大摆地往前走去。没想到，刚走出不久，海里就传来一声巨响，很快，一阵滔天巨浪奔涌而来。左小文大惊失色，

想飞到空中，双脚却完全不听使唤。顷刻间，他就觉得眼前一黑，紧接着浑身一凉，被咆哮的海浪彻底吞没了。

不久，左小文悠悠醒来，发现自己还在海底，只不过已经变成一条旗鱼。他有些失望，只能努力摇摇尾巴，往前方游去。

游着游着，左小文感觉全身越来越疼，扭头一看，不禁大吃一惊——他的身上伤痕累累，而且尾巴被咬掉半截，似乎刚刚经历过一场殊死搏斗。就在此时，一只巨大的虎头鲸从后面扑过来，黑漆漆的面孔恐怖无比。他吓得魂飞魄散，急忙强忍着剧痛，拼命往前游。

虽然身受重伤，但旗鱼天生就是大海里的游泳健将，虎头鲸张着血盆大嘴，连咬几口，都落空了。就在疯狂逃窜时，左小文看见旁边有一片珊瑚礁，赶紧钻进去躲藏起来。

虎头鲸摇头摆尾地远去了。变成旗鱼的左小文长吐一口气，游出珊瑚礁，转身准备继续前行，不料迎面撞上一堵蓝灰色的肉墙。他心中暗暗叫苦，抬头一看，居然是一头凶恶的大白鲨。大白鲨的嘴角挂着冷笑，猛地张开嘴巴，把他一口吞下……

左小文再次苏醒过来时，发现自己正在半空中飞翔，下面就是碧波荡漾的海面。不用说，他肯定变成雨燕了，而且浑身的疼痛表明，他仍然遍体鳞伤。

放眼望去，一座绿色的小岛矗立在前方，那一定就是精灵岛了。左小文抖擞精神，扑闪着残缺的双翅，急匆匆地往前飞。想不到，海面上忽然驶来一艘大船，几个人站在船头，纷纷举起猎枪。随着一阵密集的枪声，一串串子弹呼啸着向空中的左小文射来。

左小文吓得全身的毛都竖起来了。他在枪林弹雨中左冲右突，蹿高伏低，竭力躲避猎人的追杀。然而，再矫健的雨燕也不可能是一群持枪猎人的对手。就在左小文终于飞到精灵岛上空的时候，一颗罪恶的流弹袭来，恰巧击中他的肩头。

"啊！"左小文惨叫一声，像条破抹布一样，从空中直坠下来……

左小文第三次醒来时，蒙眬中看到冯歌德和戴

星儿围在他的身旁，正讨论着什么。

　　"必须赶紧做人工呼吸！"戴星儿叫道，"我看过一档科普节目，说一旦病人停止呼吸，就要抓住黄金八分钟，通过人工呼吸进行抢救！"

"可是，我不会做人工呼吸……"冯歌德为难地挠挠头。

"很简单的！你用手捏住左小文的鼻孔，然后深吸一口气，张开嘴把他的嘴包裹起来，使劲往里吹气就行了！"

"咦，听上去有点恶心。"

"快点，人命关天！"

冯歌德硬着头皮趴到左小文面前，刚要俯下身去，忽然捂着嘴巴尖叫道："哇！左小文的嘴巴好臭啊！"

左小文忍无可忍，睁开眼睛咆哮一声："你的嘴巴才臭呢！"

"哈哈，他醒过来了！"冯歌德大喜。

"我是被你的嘴巴臭醒的！"左小文没好气地说完，翻身坐起，发觉自己仍然浑身酸痛。很快，他就发现自己身上到处都是伤痕，肩膀上一道血淋淋的伤口尤其触目惊心。更令他愤怒的是，他的裤子被烧出一个大洞，连屁股都被烧红了。

此时太阳刚刚升起，温暖的阳光洒满金色的沙滩。三个人聊起天来，左小文才知道，冯歌德和戴星儿的旅途都很顺利，只有他一个人狼狈不堪。他不禁勃然大怒，掏出怀中的鹅毛笔，用力扔到地上："肯定是它在故意整我！"

戴星儿急忙捡起鹅毛笔，捧在手里说："不能怪笔先生，我觉得应该是你自己的问题。"

"我有什么问题？"

"首先，你的作文写得不好，旅程是与作文挂钩的，一篇烂作文自然只能带来一段糟糕的旅程。其次，你画掉作文的前两段，显然是不对的。我猜，你遇到的鲸鱼、鲨鱼和猎人的子弹，很可能都是你画下的那些乱七八糟的线条变出来的……"

"有道理！"冯歌德连连点头，"我们考试的时候，如果把试卷画得乱七八糟的，老师会直接判零分。说起来，猎人们没有把你打死，还让你落到精灵岛上，已经算是不错了。"

"唉，真晦气！"左小文恨恨地说。

冯歌德拍拍他的肩膀："虽然历尽坎坷，但好歹你成功抵达了。接下来，我们要想办法攻入精灵古堡，救出青芽和紫月。"

左小文环顾四周，忙不迭地问："现在岛上是什么情况？"

"表面上风景如画，实际上危机四伏。"冯歌德说着，取出一个记事本，递给左小文，"我一上岸，就在一片树林中找到了精灵古堡，你可以自己看看。"

左小文急忙打开记事本，认认真真地读起来：

精灵岛漫游记

传说中的精灵岛是一座草木异常繁茂的圆形小岛，从半空中俯瞰，就像一颗镶嵌在蔚蓝大海上的祖母绿宝石，格外引人注目。

随着飞机缓缓降落，我踏出舱门，站在一片金灿灿的沙滩上。只见一条小路通往岛上的密林，弯弯曲曲的，宛如一条灵蛇。于是，我沿着小路，向郁郁葱葱的树林中快步走去。

我原以为岛上生长的是一些低矮的灌木，走进树林才发现，处处都是参天古树。而且，每一棵古树的每一根枝杈上，都有一座小巧玲珑的木头房子，看着像一间间鸟舍。不用说，那肯定就是精灵们的家。然而奇怪的是，每一间小房子里都无声无息，整座森林一片肃穆，如同一座幽深的古墓。

　　我穿过古树间的空地，继续前

行，越走越寂静。走到树林尽头的时候，我感觉自己仿佛身处噩梦之中，耳边的一切声响都消失了，只能越来越清晰地听见自己的心跳声。

密林的尽头，有一棵比别的树木高大无数倍的超级古树，树身上搭建着一座气势恢宏的木头城堡，在一派静谧中透着几丝难以言说的神秘气息。沿着古堡门前的台阶走上去，可以看见正上方雕刻着四个遒劲的大字："精灵古堡"。

太阳升起来了，一道阳光穿过树叶间的缝隙照进来，在台阶上形成一粒粒耀眼的光斑。我本想走进古堡瞧一瞧，但很快就想到，我的两个小伙伴应该已经登岛了，我必须尽快回到沙滩上，与他们会合。

于是，我迈开大步，急匆匆走出树林。就在回到入口的一瞬间，一阵窸窸窣窣的声音传来。我忍不住回头望去，只见在那些幽暗的古树上，每一间小房子里都有一双小小的眼睛在闪烁，看上去如同布满天宇的星辰。

然而下一秒，所有的眼睛就都熄灭了，仿佛整座精灵岛的电闸突然被人关掉，古树林重新回到幽暗之中。

我心中惊疑不定，连忙冲出密林，迎着朝阳朝海岸跑去……

左小文读完，咂咂嘴说："感觉精灵古堡挺阴森恐怖的。"

戴星儿望着沙滩上的小路，豪迈地攥攥拳头："就算精灵古堡是龙潭虎穴，我们也不能退缩，一定要把小紫和小青救出来！"

左小文点点头，把本子还给冯歌德，随口道："你作文中的景物描写还是很出彩的。"

"那当然！我是描写景物的行家里手。"冯歌德得意地说，"我认为，只要抓住五个字，就肯定能创作出一篇精彩的写景作文。"

"哪五个字？"左小文和戴星儿齐声问。

"物、序、变、情、理！"冯歌德一字一顿地说。

精灵文摘

为了展示人物活动的环境，使读者仿佛身临其境，往往要用到景物描写。读一读下面选文中描写景物的精彩片段，把你认为精彩的词句画出来，默记几遍，也可以摘抄在你的笔记本上。

夏季的夜晚是短的，黎明早早地来临。太阳还没有升起来之时，森林、一环一环的山峦以及群山环绕着的一片片小小的平川，全都隐没在浓滞的雾色里，只有森林的顶端浮现在浓雾的上面。

随着太阳的升起，越来越淡的雾色游移着，流动着，消失得无影无踪。沉思着的森林，平川上带似的小溪全都显现出来，远远近近，全是令人肃穆的、层次分明的、浓浓淡淡的、深深浅浅的绿色，绿色，还是绿色。（张洁《从森林里来的孩子》）

他靠着纱窗望出去。满天的星又密又忙，它们声息全无，而看来只觉得天上热闹。一梳月亮像形容未长成的女孩子，但见人已不羞缩，光明和轮廓都清新刻露，渐渐可烘衬夜景。小园草地里的小虫琐琐屑屑地在夜谈。不知哪里的蛙群在齐心协力地干号，像声浪给火煮得发沸。几星

萤火优游来去，不像飞行，像在厚密的空气里漂浮；月光不到的阴黑处，一点萤火忽明，像夏夜的一只微绿的小眼睛。（钱锺书《围城》）

太阳在园子里是特别大的，天空是特别高的。太阳光芒四射，亮得使人睁不开眼睛，亮得蚯蚓不敢钻出地面来，蝙蝠不敢从黑暗的地方飞出来。凡是在太阳下的，都是健康的、漂亮的。拍一拍手，仿佛大树都会发出声响；叫一两声，好像对面的土墙都会回答。

花开了，就像睡醒了似的。鸟飞了，就像在天上逛似的。虫子叫了，就像虫子在说话似的。一切都活了，要做什么，就做什么，要怎么样，就怎么样，都是自由的。倭瓜愿意爬上架就爬上架，愿意爬上房就爬上房。黄瓜愿意开一朵花，就开一朵花，愿意结一个瓜，就结一个瓜。若都

不愿意，就是一个瓜也不结，一朵花也不开，也没有人问它。玉米愿意长多高就长多高，它若愿意长上天去，也没有人管。蝴蝶随意地飞，一会儿从墙头上飞来一对黄蝴蝶，一会儿又从墙头上飞走一只白蝴蝶。它们是从谁家来的，又飞到谁家去？太阳也不知道。

天空蓝悠悠的，又高又远。（萧红《呼兰河传》）

一出来，才晓得自己错了。天上那层灰气已经散开，不很憋闷了，可是阳光也更厉害了：没人敢抬头看太阳在哪里，只觉得到处都闪眼，空中，屋顶上，墙壁上，地上，都白亮亮的，白里透着点红，从上至下整个地像一面极大的火镜，每一条光都像火镜的焦点，晒得东西要发火。在这个白光里，每一种颜色都刺目，每一个声响都难听，每一种气味都挽合着地上蒸发出来的腥臭。街上仿佛没了人，道路好像忽然加宽了许多，空旷而没有一点凉气，白花花的令人害怕。（老舍《骆驼祥子》）

两度夜宿溪头，树香沁鼻，宵寒袭肘，枕着润碧湿翠苍苍交叠的山影和万籁都歇的岑寂，仙人一样睡去。山中一夜饱雨，次晨醒来，在旭日未升的原始幽静中，冲着隔夜的寒气，踏着满地的断柯折枝和仍在流泻的细股雨水，一径探入森林的秘密，曲曲弯弯，步上山去。

溪头的山，树密雾浓，蓊郁的水汽从谷底冉冉升起，时稠时稀，蒸腾多姿，幻化无定，只能从雾破云开的空处，窥见乍现即隐的一峰半壑，要纵览全貌，几乎是不可能的。至少入山两次，只能在白茫茫里和溪头诸峰玩捉迷藏的游戏。（余光中《听听那冷雨》）

黄昏时的天空好像穿上了一件红袍，那沿河丛生的小树，看起来更像是镶在红袍上的黑色花边。在越聚越浓的暮色中，整天在外觅食的鸭子成群结队地回到沙滩上去，准备到一些冷清的水池里去度过黑夜的时光。成群的乌鸦也停止鸣叫，飞回到自己的窝巢里去了。船只已全都靠岸，

只有一条大船头向上游静静地停在河心，仿佛是那静止的绿色水面上的一个黑色的污点。（[印度]泰戈尔《沉船》，黄雨石译）

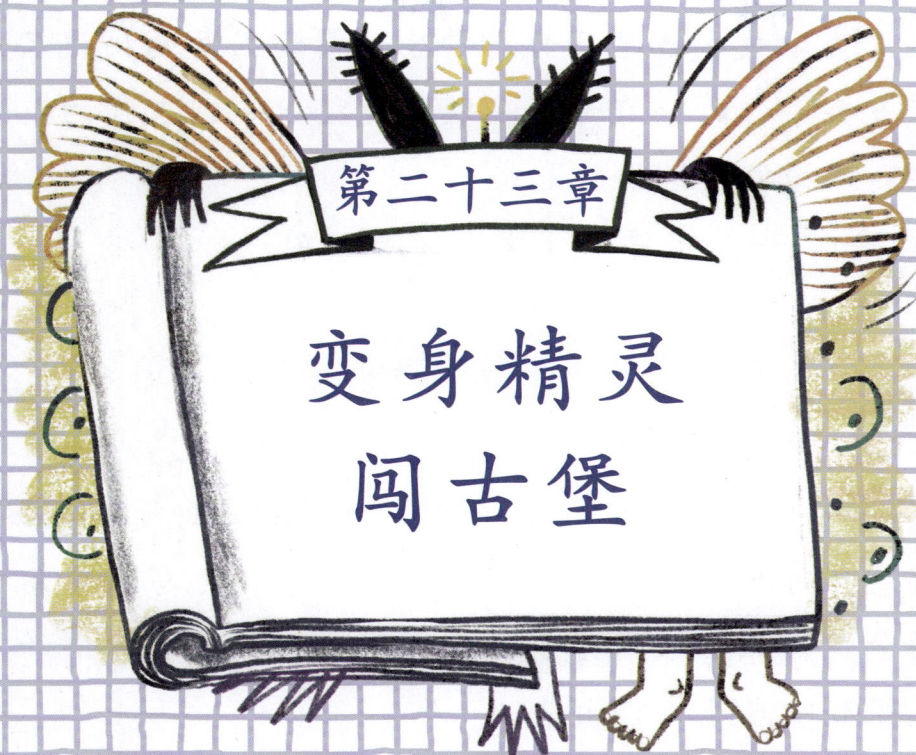

第二十三章

变身精灵
闯古堡

怎样状物

左小文和戴星儿听冯歌德说景物描写的秘诀只有五个字，十分好奇，冯歌德便摆出一副老师的架势，像模像样地讲解起来。

　　"第一个字是物，就是要言之有物。在描写的过程中，要把景物的特征具体地写出来。当然，不能看见什么就写什么，必须有所侧重，详略得当。第二个字是序，就是说描写景物要按一定的顺序，比如时间顺序、空间顺序。我的《精灵岛漫游记》就是把时间顺序和空间顺序结合起来，先写精灵岛的全貌，然后采用移步换景的写法，把我在林中的见闻有重点地描绘出来……"

　　左小文点点头："写得真不赖。"

　　"第三个字是变。只是单纯地描写景物，会显得比较单调，所以要有一定的变化。比如插入叙事的内容，再比如采用动静结合的写法。我的文章中就既有叙事，也有动静结合。"

　　"没错。"戴星儿接口道，"你走到古树林的尽头，耳边所有的声音都消失了，只能听见自己的心跳声，就是典型的动静结合。正所谓'蝉噪林逾静，鸟鸣山更幽'，在山中能听到鸟叫声，可见有多安静。你连自己的心跳都听得到，更加显得树林里宁静至极。"

"你说得太对了！"冯歌德得意地一笑，继续讲道，"第四个字是情，就是在描写过程中适当地抒发感情，可以达到情景交融的效果。第五个字是理，通过观察和联想，总结出一定的科学道理或人生哲理，升华全文，引人深思……"

就在此时，一只鸟从不远处的密林里飞出来，尖叫声打破了岛上的寂静。三个人都有些吃惊，还是左小文胆子最大，他捡起一片宽大的树叶，把自己被烧红的屁股遮住，然后用力挥挥手："走，咱们去精灵古堡闯一闯！"说完，领头朝沙滩上的小路走去。

他们踏上那条小路，刚走几步，冯歌德就瞪大眼睛嘀咕道："咦，好奇怪！"

"哪里奇怪？"戴星儿忙问。

"我记得清清楚楚，今天凌晨我是沿着一条弯弯曲曲的羊肠小道走进古树林的，可我们现在走的

小路竟然是笔直的……"

"估计你记错了。"

"我绝对不可能记错！"冯歌德环顾四周，沙滩上空荡荡的，只有他们脚下的一条路，"真奇怪，那条羊肠小道为什么不见了？"

走在前边的左小文回过头来："没什么奇怪的。俗话说，条条大路通罗马，去精灵古堡的路也肯定不止一条，你就放心大胆地走吧！"

冯歌德硬着头皮继续前行，却感觉越来越诡异。走到密林的入口，那些神秘的参天古树也都不见了，出现在他们面前的是一片枝叶异常浓密的小树林，根本钻不进去。

"到底是怎么回事？"冯歌德带着满脸的惊恐说，"为什么我看到的一切都变了……"

"我猜，你今天凌晨看到的那些可能是幻觉。"左小文说。

"不，我觉得我们现在看到的才是幻觉！"戴星儿突然叫道。

"谁说的？"左小文抬起手来，摸着那些浓绿的枝叶，"明明都是真的。"

戴星儿微微皱起眉头："你摸着像真的，不代表它们就是真的。据我推测，冯歌德上次看到的应该就是真正的精灵古堡，只是他的行踪被精灵王发现了。精灵王当然不欢迎我们，所以它把那片古树林隐藏起来，然后变出一条假的小路，把我们引到一片假的树林前……"

"有道理！"左小文一拍大腿。

"嗯，还有一种可能。"冯歌德接着说，"我走进古树林的时候天还不亮，估计精灵古堡只有在晚上才会出现，就像精灵隐士的无影城一样。现在是大白天，我们当然就看不到了。"

"不管是哪种可能，我就想知道咱们怎样才能潜入精灵古堡，把青芽和紫月救出来。"左小文有些不耐烦了。

"我们在岛上人生地不熟，唯一能求助的只有笔先生。"戴星儿把鹅毛笔举到半空中，若有所思地说，"可是只有晚上的月光才能唤醒笔先生，我们只能等一等了。"

左小文望着鹅毛笔，忽然嘻嘻一笑："我倒有个想法。咱们既然已经被精灵王发现了，就算找到精灵古堡，可能也闯不进去。所以，咱们不如借助鹅毛笔的法力，变成三只精灵，混在岛上的精灵们中间，大摇大摆地走进古堡……"

　　"哈，好主意！"戴星儿和冯歌德齐声说。

　　岛上依旧一片寂静。三个人离开树林，沿着海岸线环绕全岛一圈，没有发现别的入口，他们索性在沙滩上坐下来，一边闲聊，一边等待夜幕降临。

　　说来也怪，精灵岛上的时间是忽快忽慢的。他们坐下来的时候还是大中午，刚聊几句，就发现太阳已经偏西了。而且，他们来到岛上已经一整天，居然没有任何饥饿的感觉。

　　月亮升起来了，戴星儿对鹅毛笔说道："笔先生，我们想变成三只小精灵混进古堡，您能帮帮我们吗？"

　　她刚说完，鹅毛笔就跳到一旁，写下一段文字："要想变成作文精灵，只有一个办法：写作文。"

　　左小文抢着说："我知道！就像上次那样，我们各写一篇想象作文，借助想象的力量，就能变成三只作文精灵，对不对？"

"不对！"鹅毛笔写道，"在精灵岛上，每一只作文精灵都拥有一种自然属性。比如青芽精灵的自然属性是幼芽，所以它的头上顶着一枚嫩芽；紫月精灵的自然属性是新月，所以它的头上顶着一枚弯月。至于你们，只要分别写一篇状物作文，细致地描绘出一种动物、植物或物品，就可以顺势变成拥有该属性的作文精灵。"

左小文点点头，低声问冯歌德："歌德，状物作文怎么写？简要地讲一讲，不要啰里啰唆。"

"状物作文是一种常见的作文形式，简单来说，就是用生动形象的语言描写动物、植物或物品。"冯歌德随口说，"比如写一件物品，就要在认真观察的基础上，把它的来历、形状、颜色、用途之类的信息写出来。我很喜欢看书，就简单写一下我家的小书架吧。"

说完，冯歌德一把抓过鹅毛笔，在空中写道：

我的小书架

在我的卧室里，有一个棕色的小书架。它是爸爸送给我的生日礼物，虽然不大，但里面装的都是我最爱看的书。

小书架一共三层，每一层的书都摆得满满当当的。妈妈老是嫌我把书放得乱七八糟，建议我将书分门别类，摆放整齐。其实她不知道，我有我自己的分类方法。

摆在书架底层的，都是我还没看的书；中间的那层，放的是我正在看的书；至于书架的顶层，自然摆满我看过的书。因此，我的每一本书都会在书架上经历一场有趣的爬楼之旅，等它从底层爬到顶层，就表明我把它读完了，书中的知识已经化成我脑海中无尽的宝藏。

我喜欢我的小书架，在我看来，它就像一位满腹经纶的老师。在它的陪伴下，我也渐渐变成了一名满腹经纶的学生。

　　冯歌德写完，刚放下鹅毛笔，就听"嘭"的一声轻响，他真的变成一只小精灵了。

　　看上去，他和青芽精灵有点像，耳朵尖尖的，

眼睛大大的，全身是棕色的，只不过头上长着一枚小小的书架，里面摆满各种各样的书，每本书比芝麻粒还小，要用放大镜才能看清楚书脊上的字。

"哇！好可爱的小精灵。"戴星儿羡慕得两眼放光，"我也要变一只！我就写一棵植物吧。*描写植物比较容易，无非就是把植物的外形、气味、颜色、生长规律等等写清楚。*"

她一边说，一边拿着鹅毛笔写起来：

姥姥家的栀子树

有人喜欢娇艳动人的玫瑰，有人热爱不畏严寒的梅花，有人钟情于优雅高贵的紫罗兰，而我喜爱的偏偏是朴实无华的栀子花。

在姥姥家的院子里，有一棵枝繁叶茂的栀子树。每年夏天，栀子花开了，满院都是芬芳的花香，引来无数飞舞的蜂蝶。栀子花是白色的，摘下一朵闻闻，浓郁的香气沁人心脾。

秋天，栀子树上挂满了椭圆形的果实，每颗果实外面都包着一层橙红色的壳。等到果实熟透，姥姥就把它们摘下来，放在簸箕里晒干，可以卖给药铺。

栀子树是四季常绿的。一到冬天，院子里别的树都变得光秃秃的，只有栀子树还披挂着一身的浓绿。下雪时，枝叶上落满厚厚的雪花，远远望去，栀子树就像一位穿婚纱的新娘，坚定地站在墙边，等待着即将到来的春天。

冬去春来，万物复苏。春末夏初，栀子花又要盛开了。每次站在栀子树下，我的耳边都会响起一首动听的歌："栀子花开，如此可爱，挥挥手告别欢乐和无奈……"

眨眼间，戴星儿变成一只粉色小精灵，头上长着一朵洁白的小栀子花，看着可爱无比。

精灵文摘

状物作文就是描写动物、植物或物品的一种作文。欣赏以下中外文学名著中描写物体的精彩片段，看看它们是如何状物的。

果然那马浑身上下，火炭般赤，无半根杂毛，从头至尾，长一丈，从蹄至项，高八尺，嘶喊咆哮，有腾空入海之状。后人有诗单道赤兔马曰：

奔腾千里荡尘埃，渡水登山紫雾开。掣断丝缰摇玉辔，火龙飞下九天来。（罗贯中《三国演义》）

在蔷薇丛中有几只麻雀在唧啾。其中一只跳到地上，离我只有一俄尺远，它有两次假装使劲啄着地面，接着便把花枝弄得飒飒地响，发出一声快乐的唧啾，飞出了花坛；接着，另一只也跳到地上，摆了摆尾巴，又回头望了一眼，便跟着第一只，一面叽叽叫着，一面也像箭似的飞了出去。（［俄］托尔斯泰《暴风雪》，臧仲伦译）

没有比蜜蜂更像精灵的了。蜜蜂从一朵花飞到另一朵，就像精灵从一颗星飞到另一颗星一样，蜜蜂产蜜，就像精灵带着光一样。

蜜蜂飞进来的时候发出很大的声音，它尽力嗡嗡地叫着，好像在说："我来了，我刚看过玫瑰花，现在我来看看孩子们。这儿有什么事情发生呀？"

一只蜜蜂就是一个管家婆，它的唱歌就是嘀咕。

蜜蜂在屋子里飞着的时候，三个孩子的眼睛一直没有离开过它。

蜜蜂在整个图书室里旅行了一遍，搜索了每一个角落，仿佛在自己的蜂窝里一样自由地飞来飞去，振着翅子，富有旋律，在一个个书橱间徘徊，在玻璃门外检视书名，仿佛它也有知识似的。（［法］雨果《九三年》，郑永慧译）

小猫满月的时候更可爱，腿脚还不稳，可是已经学会淘气。一根鸡毛、一个线团，都是它的好玩具，要个没完没了。一玩起来，它不知要摔多少跟头，但是跌倒了马上起来，再跑再跌。它

的头撞在门上，桌腿上，撞疼了也不哭。它的胆子越来越大，逐渐开辟新的游戏场所。它到院子里来了。院中的花草可遭了殃。它在花盆里摔跤，抱着花枝打秋千，所过之处，枝折花落。你见了，绝不会责打它，它是那么生气勃勃，天真可爱！（老舍《猫》）

我信手翻开。里面的文字是我不认识的。书页磨损得很旧，印刷粗糙，像《圣经》一样，每页两栏，版面分段，排得很挤，每页上角有阿拉伯数字。页码排列引起了我的注意，比如说，逢双的一页印的是40、514，接下去却是999。我翻过那一页，背面的页码有八位数。像字典一样，还有插画：一个钢笔绘制的铁锚，笔法笨拙，仿佛小孩画的。

那时候，陌生人对我说："仔细瞧瞧，以后再也看不到了。"（[阿根廷]博尔赫斯《沙之书》，王永年译）

我抬起头，望见两只红色的风筝，带着长长的蓝色尾巴，在空中冉冉升起。它们舞动着，飞越公园西边的树林，飞越风车，并排飘浮着，如同一双眼睛俯视着旧金山。（[美]卡勒德·胡赛《追风筝的人》，李继宏译）

白天，它这样淘气地陪伴我；天色入暮，它就在父母再三的呼唤声中，飞向笼子，扭动滚圆的身子，挤开那些绿叶钻进去。

有一天，我伏案写作时，它居然落到我的肩上。我手中的笔不觉停了，生怕惊跑它。待一会儿，扭头看，这小家伙竟趴在我的肩头睡着了，银灰色的眼睑盖住眸子，小红爪子刚好被胸脯上长长的绒毛盖住。我轻轻抬一抬肩，它没醒，睡得好熟！还呷呷嘴，难道在做梦？

我笔尖一动，流泻下一时的感受：

信赖，往往创造出美好的境界。（冯骥才《珍珠鸟》）

第二十四章

拍精灵王的马屁

怎样抒情

看到冯歌德和戴星儿都变成精灵了，左小文有些着急："我想写一篇关于动物的作文，你们能不能给我一点提示？"

"没问题！"戴星儿笑眯眯地说，"动物可写的内容非常多，建议你写一写它们的外形、来历、主要特征和生活习性。当然，如果再写上几件它们的趣事，那就更好了。"

左小文连连点头，抓过鹅毛笔构思半天，终于在月光中写起来：

我们班的猪

有一段时间，我们班流行养猪。当然，不是养真正的猪，而是荷兰猪。同学们整天围在一起，比谁养的猪最大。

罗美萝养的荷兰猪虽然不大，但是最可爱的。它浑身雪白，只有脑门上长着几撮黄毛，就像戴着一顶小黄帽。它的耳朵圆圆的，嘴巴小小的，眼睛像两颗黑宝石，格外漂亮。每天吃饱了，它就缩成一个小圆球，在笼子里呼呼大睡。

罗美萝特别喜欢它，每天上学都把它装在书包里。有一天，她走在放学路上，遇到一个年迈的老婆婆。老婆婆向她乞讨，她就把手伸进书包掏钱，没想到那只小猪突然钻了出来。老婆婆一看，吓得拔腿就跑，边跑边喊："我的妈呀，大耗子！"

罗美萝站在路旁，生气地说："我养的不是大耗子，是荷兰猪！"

　　不久，我们就遗憾地获悉，罗美萝的小猪被邻居家的大花猫叼走了。我十分惊奇，都说狗拿耗子多管闲事，那猫拿猪算怎么回事呢？

　　你可能会问：讲了半天，你们班到底谁养的猪最大？

　　说起来有点搞笑，是朱可戒养的猪。

　　原本，朱可戒想养只宠物猪，就是那种像茶壶一样大的猪。爸爸给他买来一只，他高兴万分，每天陪着小猪玩。没想到那家伙越长越大，很快就长成了一百多斤重的大肥猪，后来还生下一窝小猪崽。

　　我听说，朱可戒看着那窝猪，都快崩溃了。他爸爸却笑得合不拢嘴，拍着他的肩膀说："儿子，好样的，咱们过年有肉吃了！"

戴星儿和冯歌德仰着脑袋读完，不约而同地大笑起来。一眨眼，左小文就变成一只黄色的作文精灵，头顶上长着一颗小小的猪头，看起来又蠢又可爱。

　　冯歌德在沙滩上翻个跟头，笑嘻嘻地说："小文，我觉得你可以叫猪头精灵，戴星儿叫小花精灵，而我，就叫书架精灵。"

　　"你爱叫什么叫什么。"左小文撇撇嘴，无意中朝沙滩上一望，眼睛突然瞪大了，"咦，那不就是你说的那条弯弯曲曲的小路吗？"

冯歌德一惊，急忙转过头，只见在月光下的沙滩上，那条像蛇一样蜿蜒曲折的小路果然出现了，小路的尽头就是那片神秘莫测的古树林。

三个人齐声欢呼，蹦蹦跳跳地踏上小路。他们毕竟已经变成精灵，走起路来异常轻盈，小小的脚掌在沙滩上一点，就凌空飞出几丈远。

"哈哈，传说中的凌波微步！"左小文大笑一声，在半空中一个鹞子翻身，轻手轻脚地落在密林的入口。

借着明晃晃的月光，左小文看见，就像冯歌德的作文中写的那样，密林中到处都是参天古树，每一根枝杈上都有一座像鸟舍一样的木头房子。唯一不同的就是，树林中有些嘈杂，因为到处都是忙忙碌碌的作文精灵。

精灵们有的坐在家门口的树杈上劳作，有的在枝叶间跳跃，还有的扑扇着透明的翅膀在空中飞来飞去。每只精灵的头顶上都有光芒在闪烁，而且颜色各异，远远望去，树林中像是飞舞着无数的彩色萤火虫。

就在左小文瞠目结舌的时刻，他头上那颗小小的猪头忽然像电灯泡一样亮起来，发出黄澄澄的光芒。冯歌德和戴星儿也不例外，他们头顶上的小书架和小栀子花分别发出咖啡色和亮白色的光芒。

　　"哇，太神奇了。"戴星儿低声赞叹。

　　"还有更神奇的呢。"冯歌德抱着双臂说，"我刚才忽然发现，原来我们也可以打开隐形的翅膀，飞上天空……"

　　"真的假的？"左小文惊讶不已。

　　"我什么时候骗过你们？"冯歌德说完，把两条胳膊向两侧平伸，挥出两个圆圈，两只透明的翅膀果然出现在他的双臂之下。他朝两个人挤挤眼睛，挥动着翅膀徐徐升起，开始在空中自由自在地飞翔。

　　左小文和戴星儿依样画葫芦，挥舞着翅膀兴高采烈地飞上半空。

　　"实在太酷了。"戴星儿像一只衔着小花的百灵鸟，在树林间飞舞盘旋，嘴里还哼着歌，"我知道，我一直有双隐形的翅膀，带我飞，给我希望……"

　　他们飞得正开心，猛地听见密林深处传来一个

阴森的声音:"今夜两点半,全岛精灵在古堡中集合,公审叛逃的青芽和紫月!任何精灵都不得缺席,违者同样按叛逃罪论处!"

一刹那,古树林中一片死寂,所有精灵都像突然被冻住一样呆在原地,就连那些飞翔的精灵也都停止扇动翅膀,悬浮在半空中。直到精灵王的声音消逝很久了,精灵们才胆怯地望望远处的古堡,重新活跃起来。

它们陆续飞回树上的小屋,收拾一番,便排着队朝精灵古堡走去。

左小文低声笑道:"来得早不如来得巧,咱们来得太巧了。"戴星儿点点头:"我们必须混进古堡,想办法在审判大会上把紫月和青芽救出来。"

三个人随着精灵的队伍向密林深处走去,远远看见那里有一棵巨大的古树,树身上搭着一座神秘的城堡。精灵们分成六条长队,慢慢走上古堡门前的台阶。左小文放眼看去,每条队伍的尽头都有一扇小铁门,门口坐着一个身穿铠甲的精灵。

"有没有搞错?难道进古堡还要检票?"他瞪

着眼睛嘀咕道。

"好像不是在检票，听上去像是考核精灵们的作文知识，估计是防止外来人变成精灵的样子混进去。"冯歌德努力伸长耳朵，边听边说，"那个守门的精灵要求精灵们用一段文字来赞美伟大的精灵王……"

"不就是抒情吗？我最拿手了。"戴星儿笑道。

"你拿手，我可不拿手。"左小文撇撇嘴。

"其实抒情比较简单，就是把自己内心的情感抒发出来。"戴星儿小声说，"具体来讲，*抒情分为两种。一种是直接抒情，顾名思义，就是直接抒发感情，也叫作直抒胸臆。另一种是间接抒情，它的形式就比较多了，既可以融情于物，也可以融情于景，还可以融情于事，总之就是把你的情感巧妙地融入叙事或描写之中……*"

"不好意思，我听不太懂，你还是给我举几个例子吧。"

戴星儿看看前方，排在队首的那个精灵低头一想，随即拍拍自己的脑门，顿时，一道红光从它的头上喷出来，在空中拼出一段文字：

精灵王实在太伟大了！它就像我们精灵岛的魔法师，没有它，就没有我们岛上的一切！

"瞧，那就是直接抒情。"戴星儿说。

"天哪！它们还能再肉麻点吗？"左小文差点看吐了。

"当然能。"冯歌德指着另一条队伍的队首，一个精灵的头顶喷出另一段文字：

从古堡回来的那一夜，我睡得格外香甜。在梦中，我看见精灵王站在浩瀚的海边，犹如一座巍峨的灯塔，为每一个迷航的精灵指引着前行的方向……

"果然是强中自有强中手，一山更比一山高啊！"左小文惊叹道。

"它是通过描绘梦境来抒情的。"戴星儿一边解读，一边指着第三条队伍的正前方说，"至于那段文字，显然是通过叙事来抒情。"

左小文仰头望去，第三段文字浮现在半空中：

那一年，精灵岛举办第八届精灵作文高级研修班。作为校长，精灵王亲自为我们授课，每日诲人不倦，任劳任怨。转眼间，一千多年过去了，它平易近人的笑容仍然常常浮现在我眼前。我真想再上一堂精灵王讲的课啊！

"我算是看明白了，精灵王喜欢大家吹捧它。"左小文说，"所以咱们要想过关，就必须豁出去，吹捧得越肉麻越好。"

"没错，我要通过引用经典诗词来抒发我的赞美之情。"冯歌德咧嘴一笑。

他们慢慢地随着队伍向前挪动，终于轮到冯歌德了。他站在守门的精灵面前，抬手碰碰头上的小书架，一段咖啡色的文字立刻喷涌而出：

明代文学家杨慎在《临江仙》中写道：
"滚滚长江东逝水，浪花淘尽英雄。"古今
中外，英雄无数，在所有的英雄当中，最
伟大的无疑就是我们的精灵王！

左小文看完，暗暗竖起大拇指："嘿，够肉麻！"

守门的精灵盯着冯歌德，慢条斯理地说："你
对精灵王的赞美还是过于保守了。不过，值得鼓励，
进去吧。"

接下来就是左小文。戴星儿低声说："你可以
运用一些修辞来抒发感情……"

左小文轻轻地点点头，走上前去，略作思索，
便伸手碰了碰头顶上的那颗小猪头。

魔法练习册

抒情，就是把自己内心的情感抒发出来。

爸爸妈妈整天为你操劳，你是不是对他们充满感激呢？选择一种你喜欢或者擅长的抒情方式，试着把你内心的情感写下来吧。

第二十五章

长达一万年的刑期

怎样写活动场面

左小文一碰头上的小猪头，同时在心里默念。一刹那，一道黄光冲出他的头顶，在空中拼成一段金光闪闪的文字：

在我心目中，精灵王是我们地球上有史以来最帅的生物。它从花丛中走过，所有的花朵都会枯萎，因为精灵王把它们帅死了；它从城市里走过，所有的镜子和玻璃都会炸裂，因为精灵王把它们帅爆了；它抬头望望天空，日月星辰都会羞愧地躲藏起来，整个世界变得漆黑一团。然而，我们精灵岛永远都是光明的，因为帅帅的精灵王在黑夜里孤独地发着光……

"我的天！"守门精灵的眼珠都快瞪出来了，"你是自精灵岛诞生以来，把精灵王无与伦比的帅气描写得最准确的一位！快快请进。"

左小文嘻嘻一笑，昂首阔步地走进古堡的铁门，却看见冯歌德趴在门边呕吐不止。

"哎呀，你也感冒了？"左小文忙问。

冯歌德擦擦嘴，摇着头说："你拍马屁的功力太强了，都把我看吐了。说真的，不知道的还以为你写的是一只大灯泡呢。"

"戴星儿让我运用修辞来抒发感情，我就把排比和夸张都用上了。"左小文十分得意，转头看见戴星儿站在铁门外，一段纯白色的文字浮现在她的头顶：

　　春天来了，万物复苏。精灵岛上，每一棵小草都在晨风中挺直了腰杆，每一朵小花都在阳光下绽开了笑脸。春天的风是轻柔的，就像精灵王慈爱的双手，抚摸着我们的脸颊；春天的阳光是温暖的，就像精灵王关切的目光，守护着我们渐渐长大……

守门精灵乜斜着眼睛说："唉，自从看过上一个精灵的作文，再看你们写的东西，感觉就像菜里没放盐一样，太寡淡了。算了，进去吧。"

戴星儿耸耸肩，快步走进铁门。冯歌德一边迎接她，一边随口问道："你运用的是融情于景的写法吧？"

"没错。我写得怎么样？"

"不怎么样！"一旁的左小文笑嘻嘻地抢着说，"那个看门的家伙都说了，你写的东西太一般了，足足被我甩出十万八千里！"

戴星儿皱着眉头，一本正经地说："你写的东西完全是胡编乱造的。*抒情有一个重要的前提，就是必须抒发真情实感。*你抒发的一看就是虚情假意……"

"哼，难道你抒发的就不是虚情假意？我就不信你对精灵王的感情有那么深！还把春风比喻成精灵王的双手，啧啧，你也不嫌肉麻……"

"你懂什么？从表面上看，我是在赞美精灵王，但实际上我是在歌颂我妈妈。我把春风比喻成妈妈的双手，把阳光比喻成妈妈的目光，有问题吗？"

"嘿，照你那么说，我表面上是在夸精灵王，实际上是在写我自己。有问题吗？"

戴星儿故作夸张地叫道："左小文，我真没看出来，原来你那么帅啊！把花都帅死了，把玻璃都帅爆了，把整个地球都帅黑了，只有你在那里像灯泡一样孤独地发光……"

左小文挑挑眉毛，咧嘴一笑："你看不出来的事还多着呢。"

"喂，别吵了，公审大会就要开始了。"冯歌德不耐烦地说完，领头朝大厅走去。

戴星儿朝左小文瞪瞪眼，无意中却看见，一道雪亮的月光透过古树枝的间隙，照在城堡的窗玻璃上。忽然间，她似乎想到什么，眉毛微微一扬。

两个人跟着冯歌德走进厅内，不禁有些吃惊。只见大厅内部是椭圆形的，就像古罗马的斗兽场，中间有一片活动区域，而周围是成千上万的席位。此时，大部分精灵都已经就座，大厅上下鸦雀无声。

戴星儿指着最后一排的窗边说："我们去那里

坐吧。"

左小文和冯歌德点点头，走过去刚坐下，就听戴星儿惊呼一声："看，是紫月和青芽！"

顺着她手指的方向，左小文看见中间的场地上摆着几张石桌，在场地的一角，竖着两根高高的旗杆，顶上绑着两个精灵，正是叛逃被捉的青芽精灵和紫月精灵。

戴星儿焦急万分，想冲下去救它们，冯歌德连忙拦住她："别担心，在正式宣判之前，青芽和紫月不会有生命危险的。"

"可是，它们在上面一动不动，眼睛都闭着，是不是已经挂了？"左小文同样很着急。

"你说得对，精灵王确实把它们挂到上面去了……"

"什么乱七八糟的！我的意思是，青芽和紫月可能死掉了！"

"它们不会死的。精灵王开的是审判大会，又不是追悼大会。"冯歌德笃定地说，"我猜青芽和紫月应该是睡着了，或者吓晕了。正式审判的时候，

精灵王会想办法把它们弄醒的。至于我们，最好的办法就是按兵不动，见机行事……"

就在此时，大厅中央的场地上传来一阵脚步声。左小文抬起头，看见一个身穿黑色斗篷的精灵缓缓走来，它的脸上戴着一副青铜面具，头顶上长着一柄锋利的短刀，显然就是传说中的精灵王。

虽然左小文已经与精灵王交过一次手，但看到它的真身还是头一次。一瞬间，他的心头掠过一丝莫名的寒意，就像在春天突然遭遇一场可怕的寒潮。他缩缩脖子，低声问冯歌德："你觉得冷不冷？"

"冷……"冯歌德的声音在颤抖。

只见精灵王抓着一根黑漆漆的短杖，慢慢走到中间的一张石桌前，冷冷地环顾着全场。在它的背后，四个身穿四色铠甲的精灵站成一排，摆出严阵以待的架势。不用说，它们就是精灵王的四大护法。

"说真的，我还是喜欢它们变成麻辣烫的样子。"左小文强颜欢笑地说。

戴星儿伸手一指："你们看，坐在角落里的那个估计就是第五大护法橙墨精灵。"

左小文伸长脖子一望，发现在距离精灵王不远的地方还有一张石桌，一个橙色精灵坐在那里苦思冥想，它的头上长着一支短短的铅笔。

就在一片死寂之中，精灵王高声宣布："审判开始！"说着，他举起短杖一挥，一道黑光立刻朝旗杆顶上的青芽精灵和紫月精灵激射而去。

眨眼间，两个精灵就苏醒了。青芽精灵看看四周，突然"哇"的一声大哭起来。紫月精灵倒是十分淡定，它低头望着精灵王，努力思索脱身的办法。

在审判的过程中，橙墨精灵头上的那支铅笔飞起来，在空中自动写起了审判记录：

审判大会

今天晚上，月明星稀，万众瞩目的审判大会在精灵古堡拉开了帷幕。

伟大的精灵王首先走上台，用威严而不失亲切的声音宣布："审判大会正式开始！"

顿时，场上的每一双眼睛都朝旗杆顶上望去，因为叛逃而被捉回来的青芽和紫月就悬挂在那里，都已经吓得魂不附体。

　　"青芽！你知不知罪？"精灵王仰起头，庄严地问。

　　"知知知知……"青芽浑身都在颤抖。

　　"哈，你知罪就好！"精灵王满意地点点头。

　　"知知知……知什么罪啊？"原来，青芽被吓结巴了。

　　围观的精灵们原本都有些紧张，气氛非常压抑，现在大家看到青芽的狼狈样，都忍不住咧嘴一笑，放松下来。

　　精灵王怒道："好你个青芽，我看你是不到黄河不死心，不见棺材不落泪！你信不信我能拿出铁证，证明你和紫月不但偷窥作文秘籍，而且畏罪潜逃？"

　　"信信信信……"青芽仍然在颤抖。

"哈，我就知道你不敢不信！"

"信信信……信你才怪呢！"青芽说完，吐吐舌头。

观众席上的精灵们再次笑出声来，整个会场变成了欢乐的海洋。

精灵王暴跳如雷，拿出魔杖朝青芽和紫月一指："居然敢戏弄本王！本王要让你们知道背叛我的下场！"

听到精灵王的咆哮，所有的精灵都浑身一震，霎时，会场上安静得如同一片死海。

紫月显然要顽抗到底，她大声说："精灵王，你有证据就拿出来，别整天吓唬人！"

"好，我就让你死个明白！"精灵王说着，从衣兜里摸出一颗水晶球，伸手轻轻一弹。

一眨眼，小小的水晶球就被点亮了，而且慢慢变得像热气球一样大。大家看见，里面浮现出青芽和紫月潜入古堡偷窥秘籍的一幕，画面就像电影一样清晰。很快，古堡的卫兵冲进来，青芽立即抓起紫月的手，飞快地跳出窗外。没想到，紫月的手绢掉到古堡的台阶上，被闻讯赶来的精灵王捡到了……

　　精灵王扬着那条绣着月亮的手绢，冷

笑道："人证物证俱在，你们还有什么话说？"

紫月和青芽长叹两声，羞愧地低下了头。

"现在本王宣判，青芽和紫月偷窥作文秘籍、畏罪潜逃两项罪名成立！即刻押赴刑场，解除所有的法力和作文技法，然后打入天牢，囚禁一万年！"

精灵王刚说完，全场就掌声雷动，有几个精灵甚至欢呼起来。

"橙墨精灵的文笔还不错。"冯歌德点评道，"它比较详细地描绘出了审判的过程，可以说是一篇合格的描写活动场面的文章。"

"描写活动场面有哪些注意事项呢？"左小文随口问。

"很简单，首先要把时间、地点和人物交代清楚，其次要把活动的过程作为重点来写。另外最好写一下周围的环境，比如写一场运动会，就要写一写会场上的景物、天气。当然，活动的主体是人，写的过程中就要抓住场上的几个主要人物，描写他们的外貌、语言、动作或者心理。总之一句话，必须把活动的气氛烘托出来。"

"说实话，橙墨精灵写的文章太假了。"左小文看看四周说，"在审判的过程中，每一个精灵都面无表情，可是在它的笔下，全场掌声如雷，精灵们无不欢呼雀跃，真让人无语。"

"紫月和青芽都被判一万年有期徒刑了，你们还有心思聊作文！"戴星儿生气地说。

冯歌德耸耸肩："咱们现在也是爱莫能助。场上有几万个精灵，只要精灵王一声令下，每个精灵吐一口唾沫都能把咱们淹死。"

"可是如果咱们见死不救，也不太好吧？"左小文焦急地挠挠头。

戴星儿转头望着窗外照进来的月光，突然说："我有办法了！"

精灵文摘

描写活动场面，把活动气氛烘托、表现出来至关重要。结合文中冯歌德说的写作要点，欣赏以下选文中描写活动场面的精彩片段，试着说一说，这些描写分别烘托出了怎样的气氛。

我惊魂稍定，才注意到老师穿着他那件漂亮的绿礼服，还戴上了那顶绣花黑绸小圆帽，而只有在学校来人视察或发奖时，他才是这套打扮。此外，整个课堂也显得异乎寻常，有点庄严肃穆。我最惊讶的是，看到教室后面那排平时空着的座椅上，竟然坐着和我们一样安静的村民，有头戴三角帽的欧塞尔老爷爷、前任村长、退休的邮递员，还有其他一些人。他们都很忧伤。欧塞尔老爷爷还带来一本旧识字课本，摊在膝上，他那副大眼镜则横放在上面。

我正惊讶不已，韩麦尔先生已经上了讲台，他对我们讲话，还是刚才见我时的那种和蔼而严肃的声音："孩子们，这是我最后一次给你们上课了。柏林方面来了命令，阿尔萨斯和洛林的学校，只准教德语了，新老师明天就来。今天，这是你们最后一堂法语课了，请你们注意听讲。"（［法］都德《最后一课》，李玉民、袁俊生译）

而且全场的人都兴奋若狂，音乐会的盛况比音乐本身更有魔力。末了，掌声跟欢呼声像雷雨似的倒下来，再加乐队依照德国习惯把喇叭吹得震天价响，表示对作者致敬。克利斯朵夫得意之下，不由得浑身哆嗦，仿佛那些荣誉是他受到的。他很高兴看见哈斯莱眉飞色舞，像儿童一样的心满意足；妇女们丢着鲜花，男人们挥着帽子；大批的听众像潮水一般往舞台拥过去。每人都想握一握大音乐家的手。（［法］罗曼·罗兰《约翰·克利斯朵夫》，傅雷译）

人们的喊叫声汇成喧闹的旋风，压倒了机器沉重的隆隆声、蒸汽粗重的叹息声和电线耳语般的簌簌声。人们急忙从四面八方聚集拢来，挥舞着手，用激烈讥刺的话语使彼此的情绪变得更加炽烈。在疲乏的胸中一直沉睡着的愤怒，这时候觉醒了，要爆发出来，它得意地在空中飞翔，愈来愈宽地展开黑色的翅膀，更紧地笼罩着人们，吸引他们跟在自己后面，使他们互相碰撞，然后变成熊熊燃烧的怒火。乌云似的煤烟和尘土在人群上空翻滚，一张张通红的面孔汗流如雨，脸颊上冒着黑色的汗珠。在乌黑的脸上，眼睛熠熠闪亮，牙齿泛着白光。（［苏联］高尔基《母亲》，夏衍译）

最后一个球的争夺，是那么激烈！白色的大皮球忽儿飞到网的这一边，忽儿飞到网的那一边，紧紧地吸引着几千双观众的眼睛。

"砰"的一声，郎平的一记重扣，激起了全场经久不息的欢呼声和鼓掌声，像海涛击岸，像山洪暴发，像飞瀑倾泻。观众们蜂拥到场子里，将一束束散发着馨香的鲜花，献给教练、领队和姑娘们。

中国女排的姑娘们为这来之不易的胜利兴奋得紧紧抱成一团。两年前，她们唱着"没有眼泪，没有悲伤"离开日本；今天，她们在香港让欢乐的泪水尽情流淌。（鲁光《中国姑娘》）

乌龟伸长了脖子，拼命地爬，背壳上油亮亮的，好像出了汗似的。唧唧用了全身的力，想要赶到乌龟前面去，唧唧张着嘴，又重又厚的下巴肉就挂了下来，一晃一晃的。蜗牛也非常努力，把两根触角伸得长长的，用劲地往前面奔。

所有的观众都拥来，看这五米赛跑。大家都拍着手叫着。跑了三个半钟头之后，大家叫得更厉害了。

"只有一米了！只有一米了！"

"蜗牛快赶上去呀！"
"唧唧努力呀，努力呀！"
"乌龟别放松呀，拼命呀，拼命呀！"（张天翼《大林和小林》）

图书在版编目（ＣＩＰ）数据

勇闯精灵岛：上、下 / 毛小懋著 ；三羊绘. ——昆明 ：云南科技出版社，2020.9（2021.6 重印）
（作文精灵）
ISBN 978-7-5587-3015-3

Ⅰ．①勇… Ⅱ．①毛… ②三… Ⅲ．①作文课－小学－教学参考资料 Ⅳ．①G624.243

中国版本图书馆CIP数据核字(2020)第178878号

作文精灵
ZUOWEN JINGLING

勇闯精灵岛：上、下
YONGCHUANG JINGLINGDAO：SHANG、XIA

毛小懋 著　三 羊 绘

出 品 人：杨旭恒
策　　划：李 非　戴 勇　王丽雅　魏小杉
责任编辑：李凌雁　杨志能
助理编辑：杨梦月
美术编辑：辰 茜
责任校对：张舒园
责任印制：蒋丽芬

书　　号：ISBN 978-7-5587-3015-3
印　　刷：北京宝丰印刷有限公司
开　　本：787mm×1092mm　1/16
印　　张：12.25
字　　数：200千
版　　次：2020年9月第1版
印　　次：2021年6月第2次印刷
定　　价：55.00元（上、下册）

出版发行：云南出版集团公司　云南科技出版社
地　　址：昆明市环城西路609号
电　　话：0871-64190973